W0195726

DR. FELICIA ENGLMANN

PHILOSOPHIE
– IN 60 SEKUNDEN ERKLÄRT –

DR. FELICIA ENGLMANN

PHILOSOPHIE

in **60** SEKUNDEN erklärt

Bibliografische Information der Deutschen Nationalbibliothek
Die Deutsche Nationalbibliothek verzeichnet diese Publikation in der
Deutschen Nationalbibliografie. Detaillierte bibliografische Daten
sind im Internet über http://dnb.d-nb.de abrufbar.

Für Fragen und Anregungen:
info@rivaverlag.de

Originalausgabe

1. Auflage 2016

© 2016 by riva Verlag, ein Imprint der Münchner Verlagsgruppe GmbH,
Nymphenburger Straße 86
D-80636 München
Tel.: 089 651285-0
Fax: 089 652096

Redaktion: Antje Steinhäuser
Umschlaggestaltung: Melanie Melzer
Umschlagabbildung: Shutterstock
Bildbearbeitung: Pamela Machleidt
Satz: inpunkt[w]o, Haiger
Druck: Graspo CZ, Tschechische Republik
Printed in the EU

ISBN Print 978-3-86883-844-2
ISBN E-Book (PDF) 978-3-95971-155-5
ISBN E-Book (EPUB, Mobi) 978-3-95971-156-2

Weitere Informationen zum Verlag finden Sie unter

www.rivaverlag.de

Beachten Sie auch unsere weiteren Verlage unter
www.muenchner-verlagsgruppe.de

INHALT

DIE PHILOSOPHIE, EIN UNGEHEUER MIT VIELEN KÖPFEN

Das Wort »Philosophie« kommt aus dem Griechischen. Es bedeutet übersetzt »Weisheitsliebe«. Wer jetzt nachfragt, was Weisheit eigentlich ist und was das Wort Liebe wirklich bedeutet, gerät sogleich mitten hinein ins Philosophieren. Wer aber fragt, was Philosophie ist, und nicht, was das Wort übersetzt bedeutet, bekommt sehr unterschiedliche Antworten. Dass jeder, der über das Leben nachdenkt, ein Philosoph sei, ist die zugänglichste und einfachste Definition. Dann bräuchte man aber dieses Buch nicht und auch nicht all die anderen Bücher, in denen Philosophen seit Jahrtausenden ihre Gedanken niederlegen. Es ist in der Philosophie nicht nur das eigene Denken, sondern das Nach-Denken dessen wichtig, was andere gedacht haben. Mancher sagt, dass nicht einmal ein Philosophieprofessor zwingend ein Philosoph ist, solange er nur nach-denkt und lehrt, aber keine eigene Philosophie entwickelt. Heraklit beschreibt den Philosophen als einen, der nach der Natur der Dinge forscht. Karl Jaspers schreibt über die Philosophie: »Vor aller Wissenschaft tritt sie auf, wo Menschen wach werden.« Man kann sich also fast aussuchen, wer ein Philosoph ist, da es so unterschiedliche Philosophen wie Philosophien gibt.

Alles kann Thema der Philosophie sein, sagen die einen, während andere definieren, Philosophie sei »gegenstandsloses Denken«. Wahrheitsliebe – das ist eine uralte Definition der Philosophie, aber gerade weil Denker die Wahrheit lieben, stellen sie auch alles in Frage, so auch die Wahrheit selbst. Georg Wilhelm Friedrich Hegel verortete die Wahrheitsliebe daher nicht als Inhalt, sondern als Grundlage des Fachs: »Der Mut der Wahrheit, der Glaube an die Macht des Geistes ist die erste Bedingung der Philosophie.«

Im christlichen Mittelalter sagten die Denker, Philosophie sei die Weltweisheit, Religion dagegen die Gottesweisheit.

Wie man sie auch nennt, die Philosophie hat erstaunlicherweise immer dieselben Themen und Fragen: Was macht den Menschen aus? Was ist sein Lebenssinn? Was leistet der menschliche Verstand, was ist eine Idee? Wie kann der Mensch glücklich leben und gut handeln? Wie sieht eine gute Gemeinschaft aus? Weil es nie eine allgemeingültige Antwort auf solche Fragen gibt, ist die Philosophie ständig in Bewegung.

Zu Philosophieren ist, wie ein Haus aus Ideen zu errichten. Wer Philosophie studiert oder sich damit beschäftigt, nimmt sich ein Gedankengebäude nach dem anderen vor und versucht, die Gesamtstruktur, den Bauplan und die Bauteile zu vermessen und damit den Masterplan des Gebäudes nachzuvollziehen.

Die Geistesgeschichte schreibt sich nicht logisch und ist unplanbar. Sie entsteht Haus für Haus, Stück für Stück. Es entstehen Straßen, denen sich folgen lässt, aber einige führen auch in Sackgassen. Diejenigen, die durch die Straßen der Ideengeschichte gehen und die Häuser besuchen, entscheiden, was Bestand hat und was wackelig ist.

Dieses Buch durchschreitet die Metropole der europäischen Geistesgeschichte nur scheinbar in einer geraden

Linie, weil die Kapitel chronologisch sortiert sind und gedanklich, ein wenig, aufeinander aufbauen. Tatsächlich aber stehen diese Philosophien für sich, und dieses Buch ist nur ein Reiseführer zu bedeutenden Sehenswürdigkeiten in der Stadt der philosophischen Häuser. Viel mehr gibt es dort zu entdecken, viel mehr zu hören, viel mehr nach-zu-denken, zumal die Philosophien Asiens hier gar nicht aufgenommen sind. Der kleine Stadtspaziergang ist nur eine Stippvisite.

Philosophie sei ein »Ungeheuer mit vielen Köpfen, deren jeder eine andere Sprache redet«, schrieb Arthur Schopenhauer. Die Vielfalt ist aber nicht das Entsetzliche, sondern das Faszinierende der Philosophie, da sie die Größe und Mannigfaltigkeit des menschlichen Geistes illustriert, und die stetige Vielfalt der Möglichkeiten und Ideen. Es gibt nicht und gab nie die eine Philosophie, es gab zu jeder Zeit viele Philosophien. Wahr sind diese Philosophien für sich alle, so wahr und fest sie als Gedankengebäude stehen. Manche gefallen dem Besucher besser als andere, und auch das ist ein Zeichen der Vielfalt. Johann Gottlieb Fichte schreibt: »Was für eine Philosophie man wählt, hängt davon ab, was für ein Mensch man ist.«

EUROPAS GEISTIGE GRUNDLAGEN

Die Geburt der Philosophie im Alten Griechenland

Unter einem Ölbaum in der Sonne sitzend eine frische Orange essen … dabei können einem die besten Gedanken kommen. Manche Theorie sagt tatsächlich, dass das gute Wetter und die schöne Landschaft rund um das Ägäische Meer das ideale Klima zum Philosophieren waren. Es ist eine Tatsache, dass die Denker aus der Region des heutigen Griechenland und der heutigen Türkei (»Kleinasien«) vor 2500 Jahren die Grundlagen der Europäischen Philosophie legten. In Griechenland entstand Europas erste Hochkultur und mit ihr auch die Philosophie – weil sich durch die Hochkultur neue Fragen ans

Menschsein ergaben, Fragen etwa nach Regeln des Miteinanders in Städten, nach dem guten Leben jenseits des nackten Überlebens. Außerdem boten die griechischen Städte die Möglichkeit, dass dort gelehrt und gelernt werden konnte, nicht nur die Philosophie, sondern auch das Schreiben. Erfunden haben die Griechen die Philosophie jedoch nicht. Die philosophischen Gedanken anderer europäischer Kulturen der Antike, etwa der keltischen, sind nicht überliefert. Ägypter, Babylonier, Kreter und Assyrer hatten schon vor den Griechen Hochkulturen und Philosophien herausgebildet, diese schienen den Denkern zur Zeit der Griechen aber nicht mehr interessant genug, um sie weiterzuverfolgen oder auszubauen. Die philosophischen Werke aus Indien oder China, etwa die Werke Buddhas, sind im antiken Europa nicht bekannt. So entwickeln sich die asiatischen Philosophien und die europäische Philosophie getrennt und isoliert voneinander.

Schon die Alten Griechen glauben zu wissen, wer von ihnen der erste Philosoph gewesen ist: Thales von Milet (625–545 v. Chr.), ein weitgereister Politiker, Mathematiker (genau, der mit dem Thaleskreis) und Intellektueller. Er soll den Leitspruch der griechischen Philosophie geprägt haben: »Erkenne dich selbst!« (»gnothi seauton!«).

Heraklit

»Alles fließt« (»panta rhei«), sagt Heraklit von Ephesos (ca. 535–475 v. Chr.). Er ist nicht nur einer der Begründer der griechischen Philosophie, sondern auch der Erfinder des Kalenderspruchs, noch bevor es überhaupt Spruchkalender gab. Dabei will er gar kein Sprücheklopfer sein, wie aus seinen Sprüchen eindeutig hervorgeht. Die Oberflächlichkeit der Menschen geht ihm gegen den Strich, er schimpft über die, die nur Zitate nachplappern, dem Mainstream folgen und nicht selbst denken: »Denn was ist ihr Sinn oder Verstand? Straßensängern glauben sie, und zum Lehrer haben sie den Pöbel.« Das geht jetzt auch wieder als Kalenderspruch durch, was Heraklit vermutlich am meisten ärgern würde. Es scheint unlogisch, mit Sprüchen gegen Dummheit ins Feld zu ziehen. Genau das will er nicht, und genau das widerspricht auch dem »Logos«, den zu erkennen Heraklit wichtig ist: jene Gesetze, die die ganze Welt durchziehen und nach denen sich alles richtet. Der Weise kann sie erkennen, indem er die Welt betrachtet und seinen Verstand gebraucht. In der Betrachtung der Natur und des Daseins erkennt Heraklit mit seiner Vernunft noch größere Zusammenhänge und Wahrheiten. Der Logos wird einer der wichtigsten Themen der griechischen Philosophie werden.

Außer dem Logos und der Weisheit hat Heraklit drei weitere Themen, über die er besonders intensiv nachdenkt: die Vergänglichkeit, den Platz des Menschen in der Welt und das Verhältnis des Menschen zur Natur und den Göttern. Wenig außer ein paar Sprüchen ist von ihm geblieben, was andererseits das Wirken von Vergänglichkeit illustriert. Mit Heraklit-Sprüchen könnte man heute die sozialen Medien tapezieren. Hier sind noch zwei auf Vorrat: »Der Krieg ist der Vater aller Dinge« und »Man kann nie zweimal in denselben Fluss steigen«.

Pythagoras und die Vorsokratiker

Heraklit und Pythagoras von Samos (ca. 570–510 v. Chr.) teilen ihr Schicksal mit allen Philosophen, die vor Sokrates lebten und arbeiteten. Ihre Bücher und Schriften sind nicht erhalten geblieben. Nur die Fragmente, die später von anderen zitiert wurden, sind heute noch bekannt. Die meisten ihrer Gedanken sind daher in Vergessenheit geraten, aber manche waren so gut, dass sie die Jahrtausende überstanden. Etwa der Satz von Pythagoras über das Verhältnis der Seitenlängen eines rechtwinkligen Dreiecks: $a^2 + b^2 = c^2$. Wie viele Gelehrte ist Pythagoras nicht nur Mathematiker und denkt als Philosoph über die verschiedensten Dinge nach, sondern befasst sich auch mit anderen Themen. Etwa über Musik, denn er entdeckt, dass Harmonien auf mathematischen Proportionen beruhen. Mancher hält Pythagoras für den ersten Mathematiker, weil er versteht, Naturgesetze in Zahlen auszudrücken. Andere halten ihn eher für einen Guru, der zufällig über die Mathematik stolpert, weil er mit Zahlenverhältnissen die harmonischen Verhältnisse und Klänge des Universums (die Sphärenharmonie) verdeutlichen will. Eine sektenähnliche Anhängerschaft hat Pythagoras tatsächlich, sie wanderte sogar mit ihm nach Italien aus. Dass Philosophen »Schulen« oder »Denkschulen« gründen, ist ein Phänomen der Antike. Schüler sammeln sich um einen Philosophen, um bei ihm seine Denkweise und Weltsicht zu studieren. Einmal gelernt wenden sie diese Denkweise selbst an, um weitere Erkenntnisse zu gewinnen. Der einflussreichste dieser Schulen-Gründer ist Sokrates. Alle Denker vor ihm heißen daher Vorsokratiker, und ihnen gemeinsam ist außerdem, dass sie als »Naturphilosophen« gelten, weil sie den Ursprung aller Dinge mittels der Naturwissenschaft finden wollen. Bekannte Denkschulen nach Sokrates sind etwa die Stoiker, die alles mit kalter Logik analysieren, oder die Epikureer, deren Ziel es war, durch Bescheidenheit ein Leben in Furchtlosigkeit, Lust und Zufriedenheit zu führen.

Sokrates und die ewige Fragerei

Sokrates (469–399 v. Chr.) ist der Babo der antiken griechischen Philosophie, der Pate aller, die nach ihm kommen. »Ich weiß, dass ich nichts weiß« – der berühmte Spruch des Sokrates ist nicht das Ende, sondern der Anfang seines Denkens. Denn nur wem auffällt, dass er zu wenig weiß, wird aktiv auf die Suche nach Wissen und Erkenntnis gehen. Sokrates ist aber auch einer, der seine Zeitgenossen auf all das hinweist, was sie nicht wissen, denn er geht oft auf den Plätzen Athens spazieren und stellt den Leuten Fragen – zu Themen, über die die Leute noch gar nicht nachgedacht hatten und zu denen sie erst mal auch keine Antwort parat haben. Etwa: »Ein Mann, der sich mit Leibesübungen beschäftigt und hierin seinen Beruf findet, wird der wohl jedermanns Lob und Tadel und Meinung berücksichtigen oder nur die jenes einen, der die Eigenschaft hat, Arzt oder Turnlehrer zu sein?«, »Ist Tugend erlernbar?« oder »Wem könnte wohl ein Staat ohne Gesetze gefallen?« Antworten findet man im zwischenmenschlichen Dialog. Wissen und Erkenntnis sollen aus dem Geist der Antwortenden entstehen. Sokrates will sie nicht einimpfen, sondern den Leuten mit den richtigen Fragen helfen, selbst auf Antworten zu kommen.

Dafür braucht man gemeinsame Begriffe, findet Sokrates, und führt feste, allgemeine Definitionen ins Gespräch ein. Wie soll man auch über Freiheit oder das Gute sprechen, wenn jeder darunter etwas anderes versteht? Auch diese Definitionen erarbeitet Sokrates in der Erörterung. Das Gute ist außerdem das, worauf sich alles ausrichten soll.

»Sokratische Methode« heißt diese Fragerei, und sie wird bis heute angewendet. Schon in Athen geht sie manchem auf die Nerven. Ebenso sorgt der Umstand, dass Sokrates die alten Götter nicht ehrt und jungen Leuten Flausen in den Kopf setzt, für Ärger. Der Philosoph wird zum Tod verurteilt, er nahm das Urteil an und trank einen Becher Schierlingssud. Seine Werke aufzuschreiben, überlässt Sokrates seinen Schülern, den Sokratikern. Einer davon ist Platon.

Platon: Verliebt in die Idee

Dialoge, in denen sein Lehrmeister Sokrates als Fragender auftritt, machen einen großen Teil von Platons Werk aus, aber nicht den wichtigsten. Denn Platon (ca. 428–347 v. Chr.) schöpft aus dem gesamten Fundus der griechischen Philosophie, stellt sich auch selbst Fragen und beantwortet sie mit seinen eigenen Gedanken und Worten. Er findet, dass es einen philosophischen Trieb gibt, einen *eros*, in dem auch die Liebe zu Wissen und Erkenntnis steckt (das ist die eigentliche »platonische Liebe«; sie schließt

Sex unter Menschen nicht aus). Platons Werk »Der Staat«
ist zwar ein Dialog mit Sokrates als literarischer Figur, vor
allem aber der Entwurf eines idealen Staates. Es ist der erste seiner Art, und Platon philosophiert darin unter anderem von vollkommener Gerechtigkeit, Gütergemeinschaft
und einer klaren Stände-Ordnung.

Den besten Herrscher benennt Platon in seinem berühm-
ten Philosophenkönigssatz: »Wenn nicht entweder die
Könige Philosophen werden (…) oder die, die man heute Könige und Machthaber nennt, echte und gründliche
Philosophen werden, wenn dies nicht in eins zusam-
menfällt: die Macht in der Stadt und die Philosophie (…
so wird es …) mit dem Elend kein Ende haben.« Diese
Philosophenkönige sind die tüchtigsten und tugendhaf-
testen Mitglieder der Gesellschaft, eine soziale und geistige Elite, die sich ganz einer Idee verschrieben hat, die
auch Platon stets beschäftigt: das Gute. Und wie man es
erreicht.

»Aber was ist überhaupt eine Idee?«, würde Sokrates fragen. Bitteschön: »Wir nehmen eine Idee an, wo wir eine
Reihe von Einzeldingen mit dem selben Namen bezeich-
nen.« Ideen sind Formen, Gattungen und schematische
Bilder die Geistes, die Einzeldinge als Allgemeines be-
zeichnen. Klingt schwierig, aber Platon hat darüber auch
sehr lange nachgedacht. Also von vorne. Der Mensch

nimmt seine Umgebung wahr. Er hört, sieht, fühlt Dinge. Platon aber sagt, dass ein Mensch erst mal nicht die Dinge selbst sieht oder erkennt, sondern immer nur deren Schatten. Als wäre man sein Leben lang gefesselt in einer Höhle eingesperrt und könnte nur Schatten an der Wand sehen, nicht aber die Dinge und Menschen, die diesen Schatten werfen. Wer in der Höhle lebt, denkt, dass der Schatten einer Ziege eine Ziege ist. Nur wer seine Höhle verlässt und ans Tageslicht kommt (damit ist gemeint: Wer sich in die Welt der Ideen vorwagt), wird die Dinge wirklich erkennen und verstehen: Er wird eine Ziege direkt betrachten, und danach noch mehr Ziegen. Selbst, wenn alle Ziegen, die er je gesehen hat, geschlachtet sind, behält der Mensch im Kopf, was eine Ziege ist. Er hat die Idee einer Ziege verinnerlicht. Das ist Platons »Höhlengleichnis«.

So geht es nicht nur mit Ziegen, sondern mit allem anderen auch. Sogar mit Ideen, die gar nicht an Dinge geknüpft sind, sondern die es nur im Geist gibt, etwa das Gute. Platon: »In der Welt des Erkennbaren ist die Idee des Guten die höchste und nur mit Mühe erkennbar. Wenn man aber alles erkannt hat, dann ergibt sich, dass sie für alles Rechte und Schöne die Ursache ist.«

Auch die Sache mit dem perfekten Staat, den Platon entwirft, ist vor allem eine Idee, weniger eine Gebrauchsanweisung. Platon ist verliebt in Ideen, die er gerne mit konkreten Bildern erklärt. Da wäre etwas die Geschichte vom Inselreich Atlantis. Platon hat sie sich höchstwahrscheinlich ausgedacht, um seine politischen Vorstellungen anschaulich zu machen. Die Atlantis-Geschichte nimmt auch heute noch mancher für bare Münze. Es mag auch daran liegen, dass Platon den Dialog, in dem es um Atlantis geht, nicht vollendet hat und somit niemand weiß, wie die Geschichte ausgeht.

Aristoteles und die Suche nach Glück und Wissen

Aristoteles macht Schluss mit dem Geraune, den Schatten, den Sphärenharmonien. Er ist der Mega-Philosoph der Antike, er ist Aufräumer und Revolutionär, und er ist der Türsteher der Philosophie. Denn an ihm kommt keiner vorbei, und ganz leicht ist die Tür in sein Gedankengebäude nicht zu durchschreiten.

Aristoteles ist Schüler des Platon, aber er sieht die Dinge ganz anders als sein Meister, den er schon zu Lebzeiten kritisiert. Er macht Philosophie außerdem zu einer Wissenschaft und ordnet auch alle anderen bis dahin bekannten Wissenschaften in ein System. Als »theoretische Wissenschaft« bezeichnet er Mathematik, Naturforschung und die Erste Philosophie, zu der er Theologie,

Logik und die Lehre vom Sein als solchem (Ontologie) zählt. Poietische (herstellende) Wissenschaften waren für ihn Handwerk, Rhetorik, Dichtung und Medizin. »Praktische Wissenschaft« sind in seinem Kanon Ethik, Rhetorik (Redekunst) und Politik.

Ethik ist die Lehre davon, wie sich ein einzelner Mensch richtig verhält. Politik ist Ethik für den Staat, die Wissenschaft von der Gemeinschaft. Aristoteles schreibt auch über Raum und Zeit, über Tiere, Pflanzen und Sterne, über die seelenreinigende Kraft der Tragödie (er nannte das »Katharsis«), über die Materie, die Tugenden und den Staat. Vieles von dem, das er schreibt, hat bis heute Gültigkeit, etwa die Grundlagen der Logik und die Poetik. Seine Staats- und Tugendlehre wird oft zitiert, etwa wenn es heißt, der Mensch sei »ein politisches Lebewesen« (»zoon politikon«). Oder wenn es heißt, dass die Tugend und damit das Richtige immer die Mitte zwischen zwei Extremen sei. Aristoteles: »Übermaß in Speise und Trank richtet die Gesundheit ebenso zugrunde wie Unterernährung, während ein richtiges Maß sie erzeugt, steigert und erhält. Dasselbe ist nun der Fall bei der Besonnenheit, der Tapferkeit und den übrigen Lebensvorzügen.« Aber warum das alles? Letztlich zielt alles immer nur auf eines ab, schreibt Aristoteles, und das ist das Gute. Das Gute für den einzelnen Menschen ist das Glück. Für eine Gesellschaft ist das Gute das Gemeinwohl. Mit den Gesellschaftssystemen hadert Aristoteles etwas, denn da findet er keine Mitte. Er definiert drei verschiedene akzeptable Staatsformen, denen gegenüber jeweils eine entartete Form steht, die sich nicht mehr um das Gute und das Gemeinwohl bemüht. Die Monarchie als Herrschaft des Einzelnen (Entartung: die Tyrannis), die Aristokratie als Herrschaft der Wenigen (Entartung: Oligarchie) und als beste Staatsform die Politie als Herrschaft der Vielen (Entartung: Demokratie). Überraschung! Die Demokratie ist bei Aristoteles nicht die ideale Verfassung, sondern die Politie, das Zusammenleben in der griechischen Polis (Stadt) seiner Zeit ist es. Dort dürfen nicht alle Bürger wählen, sondern Arme und Reiche zu gleichen Teilen (damit keiner keinen überstimmt) und viele auch gar nicht, etwa Besitzlose oder Fremde. Extreme Demokratie bedeutet für Aristoteles die Herrschaft des ungebildeten, aber dafür zahlreichen Pöbels, der falsche Entscheidungen treffen und damit die Klugen einfach zu seinen Gunsten überstimmen wird. Dadurch kämen Entscheidungen zustande, die dem Gemeinwohl nichts bringen, sondern nur die Interessen des Pöbels befriedigen (bei anderen Denkern ist das die Ochlokratie). Und übrigens: Oligarchen sind bei Aristoteles keine russischen Ölbarone, sondern eine reiche Oberschicht, die nach ihrem eigenen Gutdünken zu ihrem eigenen Nutzen den gesamten Staat regiert.

Rom

Architektur, Städteplanung, Gartenbau, Militärwesen, Verwaltung, öffentliche Hygiene, Rhetorik, Politik, Handel, Literatur, Rechtswesen, Unterhaltung oder Technik: Die Römer entwickeln alles weiter und exportieren ihre Kultur in alle von ihnen besetzten Regionen. Es überrascht, dass sie in der Philosophie schwach auf der Brust sind und das, was die griechischen Denker ihnen hinterließen, kaum weiterentwickeln, sondern schlicht übernehmen, etwa durch das Schaffen des Marcus Tullius Cicero. Es scheint, dass die Römer vor allem einen Sinn für das Praktische haben. Immerhin einer ragt heraus aus der römischen Geisteslandschaft: Lucius Annaeus Seneca (ca. 4 v. Chr.–65 n. Chr.). Er ist ein moralischer Erzieher der Römer, die er als nicht besonders sittlich empfindet. Daher rät er jedem Einzelnen, streng zu sich selbst und milde zu seinen Mitmenschen zu sein. Der Mensch sollte sich selbst treu sein, was vor allem bedeutete, der menschlichen Natur treu zu sein und in diesem Sinne ein natur- und vernunftgemäßes Leben zu führen. Seneca ist Anhänger der Stoa, er ist Menschenfreund und der Meinung, dass der Mensch nur wahren Seelenfrieden findet, wenn er seine Gefühle kontrolliert. Gelassenheit ist ein Ideal der stoischen Denker, ebenso wie die Verpflichtung aller Menschen auf eine gemeinsame, allgemeine Moral.

Und so ging Seneca auch gelassen in den Tod, als ihm Kaiser Nero einen Befehl zur Selbsttötung zukommen lässt: »Der letzte Lebenstag, vor dem dir so graut, ist der Geburtstag der Ewigkeit«, soll er gesagt haben. Seneca, ein Autor mit kraftvoller, klarer Sprache, verpackte seine Lehren unter anderem in Sinnsprüche. Beispiele gefällig? »Unzählige Menschen haben Völker und Städte beherrscht, ganz wenige nur sich selbst«, »Was das Gesetz nicht verbietet, verbietet der Anstand«, »Nicht für die Schule, für das Leben lernen wir«, »Nicht-Wollen ist der Grund, Nicht-Können nur der Vorwand« oder »Der Fürst ist der erste Diener seines Staates«.

DAS CHRISTLICHE MITTELALTER

Um Gottes willen!

Mit dem Übergang von der Spätantike zum Mittelalter fällt die klassische Philosophie in den Winterschlaf. Es beginnt das große Zeitalter der christlichen Theologie, die neben sich keine anderen Denkschulen duldet. Alles Denken, aber auch alles Handeln muss sich der christlichen Lehre unterordnen. Die Bibel ist das Maß aller Dinge und die Schriften der Kirchenväter sind das Maß allen Denkens. Die Kirchenväter stellen die ersten Dogmen auf, definieren die Inhalte und das Weltbild des christlichen Glaubens. Augustinus von Hippo (354–430), der sich erst im Alter von 32 Jahren taufen lässt, ist der einflussreichste dieser frühen Glaubenslehrer. Sinn und Ziel des menschlichen Denkens sind nun Gotteserkenntnis und Gottesliebe. Ziel des Gefühlslebens ist es, Seelenruhe und auch körperliche Ruhe in Gott zu finden. Gott bestimmt und leitet alle Geschicke. Menschen können Gott tatsächlich erkennen, obwohl sie, wie Augustinus schreibt, nur »irgend so ein Stück« der Schöpfung sind. Gott hat einen Masterplan für die gesamte Geschichte und auch für jeden einzelnen Menschen, glaubt man. Ein Mensch kann gewisse freie Entscheidungen treffen, aber auch Entscheidungen für das Böse sind Teil des großen göttlichen Plans. Im Buch »Vom Gottesstaat« stellt Augustinus diesen Weltenplan vor. Die ewige Seligkeit gibt es erst nach dem Ende der irdischen Geschichte, wenn der Gottesstaat entsteht, in den nur die Guten und Gerechten aufgenommen und darin wie die Engel unsterblich werden. Am Tag des Jüngsten Gerichts entscheidet sich, welche Menschen eine Eintrittskarte in diesen Staat bekommen. »In ihm ist, was alle erhält und selig macht, das allen gemeinsame Leben, die allen gemeinsame Speise, Gott selber.« Naturwissenschaften, Philosophien des Weltlichen – sie werden jetzt überflüssig, wo es nur darum geht, sich durch entsprechende Lebensführung einen Platz in der Unendlichkeit zu sichern. Augustinus: »Denn welch anderes Ende gäbe es für uns, als heimzugelangen zu dem Reich, das kein Ende hat?« Ende der Diskussion – für die nächsten paar Jahrhunderte.

Das christliche Abendland oder wo Gott existiert

Das Mittelalter. Ganz Europa ist christianisiert. Ganz Europa? Ja, nur ein paar Stämme im Norden und Osten fehlen noch. Die katholische Kirche hat die Bildungshoheit übernommen; sie ist die einzige, die Schulen betreibt. Wer Lesen und Schreiben lernen will, muss dort hingehen, und lernt außerdem Latein und Theologie. Den Schülern wird eingetrichtert, dass alles Wissen und alle Wissenschaft auf Grundlage der christlichen Dogmen stehen muss. Alles außerhalb der christlichen Lehre ist nicht nur unwahr, sondern auch gefährlich, böse, inakzeptabel. Es sind jüdische und arabische Gelehrte, die dieses Wissen bewahren und auch die Naturforschung, die klassische Medizin und andere Wissenschaften pflegen.

Die Wahrheit kennt man im Abendland schon, meint man – man will sie jetzt nur noch immer besser und an immer mehr Beispielen belegen. »Scholastik« heißt diese Methode, Schulwissenschaft. Man glaubt nicht, noch etwas Neues entdecken zu können, sondern entringt dem Alten immer mehr Details. Man liest Platon und Aristoteles (die keine Christen waren) und die Schriften der Kirchenväter und schreibt dazu christliche Kommentare, gerne mit »Pro und Kontra«-Argumentation. Oder man schreibt »Summen«, dicke Wälzer, die das gesamte Wissen zu einem Thema versammeln.

Die bedeutendsten Summen stammen von Thomas von Aquin (1225/26–1274). Er präsentiert ein Modell der Welt als Pyramide, streng hierarchisch sortiert, übersichtlich geordnet, mit Gott an der Spitze. In der »Summe der Theologie« bietet Thomas fünf Gottesbeweise an, mit denen er nicht an den Glauben, sondern die Vernunft der Menschen appelliert. Der erste Beweis: Die Sinne stellen fest, dass alles auf der Welt sich immer irgendwie bewegt. Es bewegt sich physisch oder es entwickelt sich, es verändert sich mit der Zeit. Aber nichts bewegt sich von selbst, sondern bekommt von irgendwoher einen Impuls. Auch der Impulsgeber bekommt von irgendwo einen Impuls, wie bei einer Reihe Dominosteine. Diese kann aber, selbst, wenn sie im Kreis herum aufgestellt wurde, nicht unendlich sein. Denn sogar eine in einem unendlich großen Kreis aufgestellte Reihe von Dominosteinen braucht einen Impuls von außen, der den ersten Stein anstößt. Dieser »erste Beweger« der Welt, der selbst unbewegt ist und alles in Gang gesetzt hat, ist nach Thomas Gott. Gott ist der »unbewegte Beweger«, die erste Ursache von allem. Thomas hat diesen Gedanken von Aristoteles übernommen, aber er deutet ihn so um, dass er zur katholischen Theologie passt. So verfahren Thomas und seine Zeitgenossen auch mit anderen Gedanken aus dem Werk des Aristoteles. Der griechische Denker wird dadurch auch zum wichtigsten Philosophen des Mittelalters.

Der Mensch ist bei Thomas in seinen Entscheidungen frei. Glückseligkeit, das Ziel seines Lebens, findet er aber nur in der Schau der göttlichen Wesenheit, die ihm nicht im irdischen Leben, sondern erst im Jenseits gelingt. Der Mensch kann sich entscheiden, nicht darauf hinzuarbeiten, aber das mit der Glückseligkeit kann er dann knicken. Glückselig wird nur der tugendhafte Streber. Die sieben Kardinaltugenden sind die wichtigsten, denn sie sind, so Thomas, die Angeln, an denen alle anderen Tugenden befestigt sind. Es sind die drei theologischen Tugenden Glaube, Hoffnung und Liebe (ja, in dieser Reihenfolge), dazu Gerechtigkeit, Klugheit, Tapferkeit und Mäßigkeit. Die wichtigste Tugend der Christen ist die Liebe. Aber versagt ein Mensch auch nur in einer dieser Disziplinen, gehen alle anderen Tugenden auch flöten. Das Gegenteil der Tugenden sind die sieben Todsünden: Hochmut, Neid, Zorn, Trägheit, Habgier, Völlerei, Wollust. Mit ihnen im Gepäck löst man ein Ticket in die ewige Verdammnis.

Was der Mensch weiß

Die natürlich, reale Wirklichkeit ist vom Menschen versteh- und erkennbar, sagt Thomas, ebenso wie die Wahrheit in diesem Bereich. Der Rest ist Glaube, das Feld der Theologie. Die Denker finden: Erkenntnis gewinnen Menschen nur aus der Anschauung. Sie nehmen die Welt mit ihren Sinnen wahr, verarbeiten diese Information mit dem Verstand und, voilà, Wissen und Erkenntnis entstehen. Sich die Welt wirklich anzusehen, zu experimentieren oder in Labors zu forschen, kommt den Schlaumeiern aber nicht in die Tüte. Die Wissenschaft des Mittelalters findet in Studierstuben statt.

Überhaupt gibt es nur wenige Fächer, die man studieren oder wissenschaftlich betreiben kann, und das auch erst, seit das mittelalterliche Denken ein Denken außerhalb der Theologie zulässt, etwa ab dem 12. Jahrhundert.

Sie heißen auch nicht Wissenschaften, sondern freie Künste. Es gibt drei sprachliche Künste, die zusammen *Trivium* (Dreiweg) heißen: Grammatik, Dialektik und Rhetorik. Die muss jeder studieren, der sich an einer Universität einschreibt. Der Unterricht findet wie an den Schulen ausschließlich in lateinischer Sprache statt, daher beziehen sich auch die Fächer des Triviums auf das

Lateinische. Dialektik ist nicht die Dialektsprache, sondern die Kunst des Argumentierens und der Gesprächsführung, wozu auch die Logik gehört. Erst wer mit dem Trivium fertig ist, darf weiterstudieren und sich den vier mathematischen Fächern zuwenden, dem *Quadrivium* (Vierweg): Arithmetik, Geometrie, Musiktheorie und Astronomie. Danach kann man Lehrer werden oder weiterstudieren – die Fächer Medizin, Jurisprudenz, Theologie oder alles zusammen. Wer das schafft, ist ein Universalgelehrter und weiß nach mittelalterlichem Verständnis tatsächlich alles, was die Wissenschaft hergibt.

Europas älteste Universität im italienischen Bologna nimmt zunächst als Rechtsgelehrtenschule im 11. Jahrhundert ihren Betrieb auf. Die erste deutschsprachige Universität stiftet Kaiser Karl V. im Jahr 1348 der Stadt Prag.

Durch neun Höllen musst du gehen: Dante Alighieri

Bilder von Himmel und Hölle prägen die Kunst des Mittelalters. Sie sind Ausdruck des aufs Jenseits gerichteten Denkens. Was passiert also, wenn man tugendhaft ist, und was, wenn man den Lastern frönt? Dante Alighieri (1265–1321) hat dies besonders deutlich beschrieben. Er ist Dichter, Politiker, Diplomat und Philosoph. In seinem Buch »Monarchia« fordert er, radikal modern, dass der Kaiser die höchste irdische Machtinstanz in Europa sein sollte und der Papst sich bitteschön auf das Geistliche zu beschränken habe. In seiner »Göttlichen Komödie« (die nicht lustig ist, sondern nur wegen ihres guten Endes Komödie heißt) beschreibt Dante die Jenseitsreise des Menschen. Zuerst geht es an Tugenden und Lastern vorbei in die Hölle. Die liegt unter der Erde, führt trichterförmig abwärts. Je nachdem, mit was sich die Höllenbewohner versündigt haben, sind sie in einem bestimmten Kreis der Hölle untergebracht. Im vierten Höllenkreis etwa gibt es einen Sumpf. Darin stecken die Zornigen fest, nackt und kotverschmiert, und hören nie auf, sich gegenseitig zu prügeln und zu beschimpfen. Die Faulen aber ersaufen: »Und immer rufen sie, versenkt im Kot: Wir waren elend einst im Sonnenschimmer. Und hegten Groll und Tücke bis zum Tod. Und elend sind wir nun im Schlamm noch immer. Dies Lied klingt gurgelnd vor aus ihrem Schlund, stets schluckend, enden sie die Worte nimmer.« Vom Grund der Hölle geht der Trip weiter ins Fegefeuer, wo es für jede der sieben Todsünden eine Läuterungsterrasse gibt. Wer alle durchwandert hat, kommt im Paradies an. Dante zeichnet in dem Werk aber nicht nur ein moralisches Denkbild, er lässt viele Größen der Geistesgeschichte darin auftreten und trifft in der Hölle allerlei bekannte Figuren, auch Päpste und Kleriker. Die »Komödie« ist auch und vor allem eine Geschichte über das politische Leben Europas zur Zeit Dantes, eine monumentale Gesellschafts- und Zivilisationsanalyse und ein Panorama der spätmittelalterlichen Philosophie.

Was der Mensch doch nicht wissen kann

Respekt vor Autoritäten, Gewohnheiten, das Nachbeten vorgegebener Meinungen und die Unbelehrbarkeit der Sinne sind Bremsen für die Naturwissenschaft. Warum nicht raus an die Luft gehen und die Natur studieren, wie sie ist und wie sie sich den Sinnen darbietet, anstatt Kommentare und Summen zu schreiben? Warum nicht auch andere Autoren lesen als die ewig gleichen? Der englische Franziskanermönch Roger Bacon (1214–1292) ist einer der Ersten, dem das Korsett der Scholastik zu eng wird. Er will selbst forschen, seinen Geist befreien, Aristoteles im griechischen und die Bibel im aramäischen Original lesen und nicht in schlechten lateinischen Übersetzungen. Glauben und Wissen sollten unterschiedliche Kategorien sein, beschließen Bacon und andere mit und nach ihm. Der Mensch kann gar nicht erkennen, wer oder was Gott an sich ist. Sie schneiden der mittelalterlichen Welten- und Wissenspyramide, an deren Spitze Gott steht, einfach die Spitze ab. Übrig blieb die irdische Welt, und auf die sollte sich das Denken und Forschen konzentrieren. Die Spitze bleibt Sache der Theologie, und nur das. Über Gott und Göttlichkeit konnten die anderen Wissenschaften und die Philosophie also nichts mehr berichten, da Gott nicht mehr in ihre Zuständigkeit fällt – daher wenden sie sich dem Irdischen, dem Weltlichen zu. Das Zeitalter des Empirismus beginnt. Denn das Irdische gilt es nun zu beschreiben, zu durchdenken, zu vermessen und aktiv zu erkunden. So tritt die Naturwissenschaft auf den Plan, und die freie Philosophie erwacht aus ihrem fast tausend Jahre dauernden Winterschlaf. Wenn der Mensch schon nicht wirklich wissen, sondern nur glauben kann, was und wer Gott ist, so soll er doch zumindest wissen, was ihn umgibt und warum. Und überhaupt: Was ist das eigentlich für ein Typ, der Mensch?

DIE WIEDERENTDECKUNG DES MENSCHEN

Cusanus und die Unwissenden

Das einzig Wahre, das ein Mensch über Gott wissen kann, ist: dass er nichts über Gott wissen kann. Der Philosoph und Theologe Nikolaus Cusanus (1401–1464) nennt dies die »belehrte Unwissenheit«, und sie ist für ihn kein Rückschritt, sondern ein Fortschritt. Es ist das durchaus befreiende Wissen um die Nicht-Erkennbarkeit Gottes. Anders als die mittelalterlichen Theologen fordert Cusanus eine negative Theologie: Man kann nicht mehr sagen, was Gott ist, sondern nur noch, was Gott nicht ist. Weil der Verstand des Menschen zwar scharf, aber insgesamt zu klein ist, um so etwas Großes wie Gott zu begreifen.

Macht nichts, schreibt Cusanus. Denn je mehr man weiß, was Gott alles nicht ist, weiß man immerhin. Damit ist das natürliche Verlangen des Menschen nach Wissen wenigstens teilweise gestillt. Cusanus schreibt: »Einer wird umso gelehrter sein, je mehr er um sein Nichtwissen weiß.« Das gilt übrigens auch für die Naturwissenschaften, denn auch dort bleibt die absolute, reine Wahrheit dem Menschen verschlossen. Er kann sich immer nur annähern, die Welt immer nur mit seinen eigenen, beschränkten Mitteln begreifen. Cusanus: »Die Wesenheit der Gegenstände, welche die Wahrheit der seienden Dinge ist, ist also in ihrer Reinheit unerreichbar.« Allein die Schriften des Cusanus zu begreifen, braucht schon sehr viel belehrter Unwissenheit. Er leitet darin auch mit mathematischen Vergleichen her, warum im Unendlichen alle Gegensätze zusammenfallen. Das unendlich Große ist identisch mit dem unendlich Kleinen, denn »wie es nicht größer sein kann, so kann es aus demselben Grund nicht kleiner sein, ist es doch alles, was es sein kann.« Die gute Nachricht: Der Mensch muss gar nicht alles verstehen. Und er kann zu Gott finden, indem er sich selbst als Person wichtig nimmt, sich selbst in die Seele blickt und auf deren Grund einen göttlichen Funken entdeckt.

Erasmus und der Humanismus

Mit Gott in weiter, geradezu entrückter Ferne steht nun
der Mensch im Zentrum des philosophischen Denkens.
Er ist weiterhin ein christlicher Mensch, aber er darf sich
mit voller Energie dem Jetzt zuwenden, denn sogar im
irdischen Leben lassen sich Glück, Erfüllung und Sinn
finden. Endlich! Hurra! Der Mensch ist, laut Bibel, ein
Ebenbild Gottes, und sollte sich daher nicht verstecken,
sondern als Mensch selbstbewusst sein, so das neue Denken. Hier beginnt das, was sich heute Selbstoptimierung
nennt: Der Mensch soll durch Bildung ein besserer werden, soll seine gottgegebenen Talente und Möglichkeiten
voll entfalten können und dadurch die Gesellschaft und
das irdische Leben aller verbessern. Bildung bedeutet
vor allem, die Schriften der lateinischen und griechischen Antike zu studieren, da dort der Mensch als Individuum die richtige Wertschätzung erfuhr, so das neue
Bildungsideal. Man nannte das »studia humanitatis«,
später »Humanismus«.

Der Autor, Gelehrte und Menschenfreund Erasmus von
Rotterdam (ca. 1467–1536) war in dieser Zeit der Bildungs-
onkel Europas. Dem späteren Kaiser schreibt er ein Lehr-
buch darüber, wie man gut regiert. Erasmus erdenkt sich
die »Philosophie Christi«, ein geistig freies Christentum,

das näher am Evangelium sein solle als die engstirnigen Lehren des Mittelalters. Christ zu sein, solle ein »gefühlter Lebensstil« sein, mitten in der Gesellschaft verankert werden und auf ehrlicher Frömmigkeit und gelebter Menschlichkeit beruhen. Die Menschen müssen um diese Menschlichkeit als Christenmenschen kämpfen, schreibt Erasmus: Leben ist ein ständiger Kriegsdienst mit den Waffen des Gebets und der Erkenntnis. Den Konflikt trägt der Mensch auch mit sich selbst aus, denn Begierden, Affekte und anderes Dunkles in seinem Inneren muss der Mensch allein in den Griff bekommen. Nach außen hin einen auf gut zu machen reicht nicht, denn, so Erasmus: »Die unsichtbaren Werke sind besser als die sichtbaren.« Er glaubt an das Gute im Menschen.

Machiavelli und die Staatsräson

Niccolò Machiavelli (1469–1527) glaubt an das Böse im Menschen, er glaubt an die Macht und die Politik. Die drei gehören außerdem zusammen wie Kaffee, Milch und Zucker: Erst in ihrer Kombination entfalten sie ihre volle Wirkung. Der italienische Diplomat und Denker ist Realist. Er bricht mit den idealistischen politischen Vorstellungen des Mittelalters und sucht in der Politik seiner Zeit nach erfolgreichen Staatsmännern – etwa den Medici in Florenz.

Macht erringt ein Fürst, so Machiavelli, durch eigene Kraft, fremde Gewalt, Glück oder Tapferkeit. Schwieriger ist es, die Macht zu erhalten, und hier kommt der berühmte Ratgeber »Der Fürst« von 1513 ins Spiel: Darin steht, wie der Fürst auf dem Thron bleiben und womöglich seine Macht noch ausbauen kann. Das geht nur, wenn er realistisch auf die politischen und sozialen Systeme blickt. Vieles ist die Kunst des Scheins – denn nicht, was im Herzen des Fürsten passiert, sondern das, was die Leute von ihm denken, ist das, was zählt. Es ist jedoch besser, gefürchtet als geliebt zu werden: »Ein Fürst muss daher den Ruf der Grausamkeit nicht scheuen, um seine Untertanen in Gehorsam und Einigkeit zu erhalten.« Der Fürst braucht eine Herrschertüchtigkeit und eine geistige Reife, um sein Amt auszuüben und zu wissen, wann er was zu tun hat. Alle Taten und Entscheidungen des Fürsten müssen dazu dienen, den Staat zu erhalten. Dafür dürfen er und der Staat auch Dinge tun, die gegen Recht und Moral verstoßen. Staatsräson heißt dieses Prinzip: Das Schicksal des Staates ist wichtiger als das eines einzelnen Bürgers. Um es erfolgreich anzuwenden, braucht der Fürst auch eine große Portion Glück. Machiavelli ist der erste Denker, der diese Staatsräson vom Fürsten fordert, anstatt ein Idealbild an Tugendhaftigkeit zu entwerfen.

Seine eigentliche politische Theorie formuliert Machiavelli im Buch »Discorsi«. Darin stellt er die Republik als
besten Staat vor – und in der Republik ist nicht irgend-
ein Fiesling der Fürst, sondern das Volk.

Luther und die Reformation

Genug ist genug. Der Mönch Martin Luther (1483–1546)
und einige andere sind restlos entnervt von dem, was
sich die Kirchenfürsten zu Beginn des 16. Jahrhunderts
erlauben. Diese verkaufen Ablässe an die Gläubigen, um
sich selbst die Taschen zu füllen. Das alles hat mit christ-
lichem Glauben nichts mehr zu tun, findet Luther, und
auch der Ablasskauf kann Menschen nicht davon entbin-
den, selbst Buße zu tun, zu bereuen und ein sündenfreies
Leben zu führen. In 95 Thesen fasst Luther zusammen,
was die theologischen und moralischen Probleme des
Ablasshandels sind. Er schickt diese Thesen am 31. Ok-
tober 1517 zusammen mit einem wütenden Brief an Bi-
schof Albrecht von Brandenburg und verteilt Abschriften
der Thesen an seine Mitstreiter. Ob er sie dann tatsächlich auch noch an die Kirchentür in Wittenberg nagelte,
ist historisch nicht belegt. Die Thesen verbreiten sich
rasend schnell und sind der Beginn der Reformation.
Sie kehrt mit dem christlichen Denken zurück zu den ei-

gentlichen Inhalten der Bibel und rückt den Gläubigen und dessen direkte, persönliche Beziehung zu Gott ins Zentrum des Denkens, ganz im Geist des Humanismus. Das Evangelium ist das, woran sich Kirche und Gläubige zu messen und wonach sie sich zu richten haben. Die reformierte Kirche soll eine Gemeinschaft der Gläubigen sein, keine machtvolle Institution, die Kirche soll den Gläubigen helfen, nicht umgekehrt. Weil die allermeisten Gläubigen kein Latein sprechen und so die Bibel bisher nicht lesen können, übersetzt Luther sie ins Deutsche und reißt damit eine uralte elitäre Bildungsschranke ein. Zudem lässt er die Bibel und andere Schriften drucken und massenhaft verbreiten. Jeder soll Zugang zu religiöser Bildung haben. Die philosophisch-theologische Deutungshoheit der katholischen Kirche des Mittelalters mit ihren Denkverboten und Dogmen ist damit beendet.

Morus und die Utopie

Es gibt eine Insel irgendwo im großen Meer, auf der alle Einwohner glücklich und in Frieden leben. Gegessen wird in einem Gemeinschaftshaus, Kinderbetreuung ist immer und für alle verfügbar. Es gibt kein Geld und keinen Privatbesitz mehr und auch kaum Gesetze, da es ohne einfach besser geht. Alle Bürger haben gleich viel Freizeit, niemand interessiert sich für Gold oder Edelsteine, alle verabscheuen Krieg und Gewalt. Klingt utopisch? Ist es auch! Das sind einige Aspekte einer idealen Welt, die der englische Politiker Thomas Morus (1478–1535) in seinem Roman »Utopia« (1516) vorstellt.

Morus ist ein mächtiger Mann in Diensten des englischen Königs, aber er ist Humanist und bedauert das Leid der Landbevölkerung ebenso wie andere Missstände seiner Zeit. Utopia ist seine Wortschöpfung und bedeutet zugleich Nicht-Ort und schöner Ort. Eine Utopie ist seit Morus der Entwurf einer idealen Gesellschaft, in der sich die politischen und sozialen Probleme der Zeit spiegeln, zu der diese spezielle Utopie entstand. Utopia ist die beste aller Welten, unerreichbar, aber als Gedankenspiel wichtig, um Lösungen für aktuelle Probleme zu finden. Und um herauszufinden, was man anstreben und wovor man sich fürchten sollte. Morus ist nicht der Erste, der ein solches Buch schrieb, auch Platons »Staat« (ca. 370 v. Chr.) etwa hat utopische Züge. Auch George Orwells Überwachungs-Roman »1984« (1949) ist eine Utopie. Weil es aber nicht die beste, sondern die schrecklichste aller Welten ist, nennt man sie Dystopie – im Gegensatz zur Eutopie, der schönsten denkbaren Welt. Utopie ist der Überbegriff für beides. Dystopien werden seit Beginn des 20. Jahrhunderts verstärkt geschrieben.

Zu Morus' Zeit sind die Probleme die Armut der englischen Landbevölkerung, die Willkür und Kungelei des Adels und die ebenso teuren wie verlustreichen Kriege. Und König Heinrich VIII. mit seiner Hofhaltung und seiner Heiratspolitik. Weil Morus sich weigert, diese zu unterstützen, lässt ihn der König 1535 hinrichten. In Utopia wäre das nicht passiert.

DAS ZEITALTER DER VERNUNFT

Descartes, der Zweifel und die Gewissheit

Die Natur ist eine einzige große Maschine. Alles darin lässt sich mit physikalischen Gesetzen erklären, die letztlich nur auf zwei Kräfte zurückgehen: Ausdehnung und Bewegung. Fertig, aus. Was heute schlicht klingt, ist in der Renaissance eine denkerische Revolution, angeführt vom französischen Naturforscher, Mathematiker und Philosophen René Descartes (1596–1650). Er ist es auch, der den Menschen als Erster in zwei Substanzen zerlegt: den materiellen Leib und den denkenden Geist. Dies ist der cartesianische Dualismus. Die Philosophie funktioniert nun wie eine Mathematik der Seele: Man schließt vom Kleinsten auf große Zusammenhänge, alles wird nach

den Regeln der Logik aufeinander bezogen. Descartes'
Philosophie ist eine des Zweifels – an jeder als vermeint-
lich gesicherten Erkenntnis, an jeder Sinneswahrneh-
mung. Sogar an den Grundsätzen der Mathematik lässt
sich zweifeln, denn immerhin kann der Mensch sich ge-
irrt haben, als er beschloss, dass »1 +1 = 2« die Wahrheit
ist. Es gibt nur eines, das über allen Zweifel erhaben ist:
der Zweifel selbst. Indem der zweifelnde Mensch einsieht, dass er gerade zweifelt, stellt der Mensch fest, dass
er dabei ist zu denken. »Im Zweifel werde ich meiner
selbst als denkendes Wesen bewusst«, schreibt Descartes, und weiter: »Ich denke, also bin ich« (»cogito ergo
sum«). So entsteht im radikalsten Zweifel der Ursprung
des menschlichen Selbstbewusstseins. Wer zweifelt,
setzt zudem voraus, dass es einen Unterschied zwischen
wahr und falsch gibt, den man erkennen und beurteilen
kann, und dass es überhaupt so etwas wie Wahrheit gibt.
Der Mensch muss so lange an allem zweifeln, bis es ihm
gelingt, den Zweifel zu überwinden, weil er seinem Verstand vertrauen kann. Mit dem Zweifel als Fixpunkt lassen sich gesicherte Erkenntnisse über alle Dinge der Welt
gewinnen. Dieses cartesianische Denken ist die Grundlage des bis heute gültigen naturwissenschaftlichen Welt-
bildes.

Neue Wissenschaften für die Welt

Ein neues Denken braucht auch neue Wissenschaften. Der
Kanon des Mittelalters mit seinen Freien Künsten ist im
17. Jahrhundert nicht mehr zeitgemäß. Die neuen, ratio-
nalen Wissenschaftler sammeln Gesteine und klettern in
Vulkanschlote, beobachten Tiere, berechnen die Bahnen
der Gestirne, experimentieren mit Magneten, blicken
durch die ersten Mikroskope in eine bisher verborgene
Welt des Kleinen. Wer ein Gelehrter sein will, untersucht
alles, das ihn interessiert, und versucht, daraus allgemeingültige Regeln und Gesetze abzuleiten. Universalgelehrte
wie der Jesuitenpater Athanasius Kircher (1602–1680)
und Gottfried Wilhelm Leibniz (1646–1716) versuchen,
das gesamte Weltwissen in sich aufzunehmen. Beide
glauben, dass das möglich wäre und dass daraus ein neues
System der Universalwissenschaft entstehen kann. Und
eine Universalsprache, mit der sich künftig alle Menschen
verständigen.

Leibniz macht sich viele Gedanken um das All: Es sei
unendlich und unendlich vielseitig, im Großen wie im
Kleinen, und es sei ständig in Bewegung. Alles sei Kraft,
auch das Ruhende. Die kleinsten Teile der Materie sei-
en winzige Punkte, die aus Kraft bestehen, die Welt ein
Mosaik aus Kraftpixeln. Von diesen Pixeln gibt es unend-

lich viele. Durch Gott würden sie in Harmonie gebracht und zum All geformt. Ein wenig träumerisch, fast magisch wirken die Gedanken, und auch Kircher denkt in Kategorien von kosmischer Harmonie. Kircher gilt unter anderem als Begründer der Ägyptologie, Sinologie und Musikwissenschaft und als Gründer des ersten wissenschaftlichen Museums der Welt. Leibniz' Idee, die Natur wie eine Maschine zu erklären, seine Vorstellung vom unendlichen und vernunftmäßig funktionierenden Universum prägen die Wissenschaft der kommenden Jahrhunderte. Es ist dieser Rationalismus, den Descartes begonnen hat, der das Denken prägen wird. Leibniz & Co. sind allerdings die letzten Universalisten, bevor sich die Wissenschaft in einzelne Disziplinen aufteilt.

Wissen und Emanzipation für alle

Wissen heißt zu wissen, wo etwas steht. Auch auf diesen Spruch muss erst mal jemand kommen. Nämlich dann, wenn das Weltwissen so sehr anwächst, dass kein Mensch mehr alles wissen kann. Aber man kann zumindest noch alles zusammentragen, das dem aktuellen Wissensstand entspricht, und es öffentlich machen. Damit ist ein für allemal Schluss mit den überkommenen Doktrinen der Altvorderen, mit dem theologischen Gesäusel, der Bevormundung, der Unvernunft. »Aufklärung« hieß das Zauberwort: Wissen und Vernunft für alle! Selbständiges, rationales Denken soll jeden Menschen und damit die ganze Gesellschaft voranbringen. In diesem Geist schrieben die bedeutendsten Gelehrten ihrer Zeit die »Enzyklopädie der Wissenschaften, Künste und Gewerbe« in französischer Sprache. Sie erschien in 28 Bänden zwischen 1751 und 1780. 140 Experten arbeiten an diesem Lexikon mit, etwa der Dichter Voltaire und der Staatsdenker Jean-Jacques Rousseau, Herausgeber sind der Mathematiker Jean-Baptiste le Rond d'Alembert (1717–1783) und der Schriftsteller und Philosoph Denis Diderot (1713–1784).

Diderot ist ein gutes Beispiel für naturwissenschaftlich durchdrungene Philosophie: Er denkt, dass alles aus kleinsten Teilchen, den Atomen, besteht, und definiert die Atome zugleich als Träger von Empfindungen. Indem diese Empfindungs-Atome sich berühren, entstehe ein einheitliches Bewusstsein des ganzen Universums, das menschliche Bewusstsein eingeschlossen. Das Weltwissen steht heute, ganz im Geiste Diderots, in der Wikipedia. Das Weltbewusstsein hat sich noch nicht erschlossen.

Im Vorwort der Enzyklopädie steht: »Das Zeitalter der Religion und der Philosophie ist dem Jahrhundert der Wissenschaft gewichen!« Auch das Zeitalter des Adels endet. Die Bürger Europas sind gebildeter (auch durch die Enzyklopädie), »vernünftiger«, emanzipierter, lassen sich nicht mehr damit abspeisen, dass ihre Armut und politische Ohnmacht gottgegeben seien. 1789 beginnt die Französische Revolution.

Der neue Mensch und die Freiheit

Dem aufgeklärten Menschen ist einiges zuzutrauen, im Guten wie im Schlechten. Der Mensch, wie man ihn jetzt versteht, ist so ein kreatives, freies, leidenschaftliches, empfindsames, vielseitiges, wildes und egoistisches Geschöpf, dass man ihn gleich wieder bändigen musste. In seiner Werkseinstellung, dem Naturzustand, ist der Mensch genial, aber generell unverträglich, zumal dann erst einmal das Naturrecht gilt, und das ist »die Freiheit, nach welcher ein jeder zur Erhaltung seiner selbst seine Kräfte beliebig gebrauchen und folglich alles, was dazu etwas beizutragen scheint, tun kann. Freiheit begreift ihrer ursprünglichen Bedeutung nach die Abwesenheit aller äußerlichen Hindernisse in sich«. So formuliert es der Engländer Thomas Hobbes (1588–1679), und ergänzt, dass daraus ein Krieg aller gegen alle entstünde. Er schreibt dem Menschen zwei natürliche Gesetze hinter die noch grünen Ohren: »Suche Frieden und jage ihm nach« und »Sobald seine Ruhe und Selbsterhaltung gesichert ist, muss jeder von seinem Recht auf alles (…) abgehen«. Denn die anderen wollen auch noch etwas haben – und schon ist es wieder vorbei mit der wunderbaren Freiheit. John Locke (1632–1704) ergänzt 1689, dass Freiheit nicht identisch mit Zügellosigkeit sei. Außerdem erinnert er an Folgendes: »Gott hat den Menschen so geschaffen, dass es nach seinem eigenen Urteil nicht gut für ihn war, allein zu sein.« Verstand und Sprache sind dazu da, in Gesellschaft zu bleiben und daran Spaß zu haben. Der neue Mensch ist, wie der alte, ein politisches Tier. Hobbes schreibt in seinem Buch »Leviathan« (1651) über den neuen Menschen und dessen Streben nach Glück, allein und in Gesellschaft. Der Mensch ist ein Gott für den Menschen, aber dem Menschen auch ein Wolf, notiert Hobbes anderswo. Der gezähmte Mensch müsse in einer Gesellschaft leben, die ihm ähnelte, einem Staat wie einem Körper, in dem jedes Teil seine natürliche Funktion übernimmt.

Die neue Gesellschaft

Wie sollen und wollen freie, gleiche und vernünftige Menschen in Gesellschaft zusammenleben? So, wie es der menschlichen Natur entspricht, antwortete der französische Staatsdenker Jean-Jacques Rousseau (1712–1778). Die Menschen müssen nur herausfinden, was ihr gemeinsamer Wille ist, und dann einen Vertrag darüber abschließen, wie die Regeln des Zusammenlebens konkret aussehen sollen. Der Gemeinwille ist wichtiger als die

Wünsche jedes Einzelnen, denn er dient dem Gemeinwohl. Was dieses ist, entscheidet nicht mehr der König
oder der Papst, sondern das Volk. Die Menschen gestalten
und bestimmen gemeinsames Leben selbst (theoretisch,
zumindest). Alle Herrschaft und damit Macht beruhen
auf Übereinkunft derer, die sich dieser Macht beugen.
Bürger erarbeiten und beschließen Gesetze. Damit sie
das aber gut machen, müssen sie gebildet sein. Und die
Gesetze der neuen Gesellschaften müssen so gestaltet
werden, dass sie zu den natürlichen und geschichtlichen
Bedingungen der Region, in der sie bestehen, passen. Es
gibt nicht die eine perfekte Gesellschaft für alle, sondern
nur die, auf die sich alle einigen können, schreibt der
französische Denker Charles-Louis de Sécondat, Baron
von Montesquieu (1689–1755). Eines haben alle guten
Staaten jedoch gemeinsam: die richterliche Gewalt (Ju-
dikative), die ausführende Gewalt (Exekutive) und die
gesetzgebende Gewalt (Legislative) sind voneinander
getrennt. Verschiedene Leute und verschiedene Gremi-
en sind dafür zuständig, damit sich die drei gegenseitig
kontrollieren können. Ein Herrscher darf außerdem nicht
mehr über dem Recht stehen. Montesquieu: »Eine Erfah-
rung lehrt, dass jeder Mensch, der Macht hat, dazu neigt,
sie zu missbrauchen. Deshalb ist es nötig, dass Macht der
Macht Grenzen setzt.« Seine Theorie der Gewaltenteilung
gilt bis heute und ist auch eine der Grundlagen des politischen Systems der Bundesrepublik Deutschland.

ALLES GEIST! DER DEUTSCHE IDEALISMUS

Kant – Der Mount Everest der Philosophie

Vernunft und Urteilskraft haben ihre Grenzen. Der Mensch ist und bleibt einfach nur der Mensch, der mit seinen Sinnen etwas wahrnimmt und dann mit seinem Kopf darüber nachdenkt. »Die Wissenschaft von den Grenzen der menschlichen Vernunft«, sei das eigentlich Interessante. Das ist die Metaphysik, so der deutsche Super-Denker Immanuel Kant (1724–1804). Der Königsberger Gelehrte forscht an den Grenzen der reinen Vernunft und der Urteilskraft, schreibt »Kritiken«, also kritische Analysen, zu beiden. Er widmet sich als junger Mann der Naturforschung, schreibt über die kleinsten Teile der Materie, den Himmel, die Tiere, später beschäftigt er sich mit dem Denken als solchem – und was man damit so alles anstellen kann. Und was das dann auch wiederum konkret bedeuten soll.

Ohne dass der Mensch etwas gehört, gelesen, gerochen, gesehen hat, kann er nichts erkennen und verstehen. Die Sinne verraten dem Menschen etwas über seine Außenwelt, sie liefern den Input, mit dem das Denken dann weiterarbeitet. Der Computer namens Denken kommt aber mit gewisser vorinstallierter Software: etwa einem Begriff von Zeit.

Auch fragt sich Kant, wie der Mensch sich eigentlich Begriffe bildet, also im Geist die Sinneseindrücke beurteilt, daraus Inhalte und Merkmale errechnet und wiederum mit anderem verknüpft. Dieses Beurteilen findet in zwölf verschiedenen Formen statt, und diese sind die Grundformen des menschlichen Denkens. Aus ihnen entstehen die Grundformen der Begriffe, die Kategorien. Daraus wiederum destilliert Kant vier Verstandesbegriffe. Einer dieser Begriffe ist die Art zu sein. Wie etwas ist, ist entweder möglich oder unmöglich, notwendig oder zufällig, es ist ein Dasein oder ein Nichtsein. Dazwischen gibt es jeweils nichts.

Was macht Kant nun mit den Erkenntnissen über die Erkenntnisse? Er schreibt über die praktische Vernunft, also darüber, wie der Mensch die begrenzte Vernunft im Alltag einsetzen kann, und zwar so, dass er vernünftig handelt. Kants Ethik (die Lehre davon, wie man sich sittlich und gut benimmt) ist der zugänglichste Teil seines Werks, denn sie ist so glasklar und idiotensicher, dass sie am Ende in einen Satz passt: »Handle nur nach derjenigen Maxime, durch die zu zugleich wollen kannst, dass sie ein allgemeines Gesetz werde.« Kant schreibt dies den Menschen aber nicht vor, sondern folgert dies aus seinen Studien zur Struktur des Verstandes und des Denkens. Genau deshalb ist dieser Satz so einleuchtend: Er ist die Essenz dessen, was der Mensch für vernünftig, anständig, gut und richtig hält. Kant, das Genie, schlägt in diesem Satz, den er den Kategorischen Imperativ nennt, den menschlichen Verstand mit dessen eigenen Schwächen.

Natürlich weiß Kant, dass der Mensch, dieses wilde und freie Geschöpf, zwar einsieht, dass der Kategorische Imperativ eine feine Sache ist, sich aber sowieso nicht daran halten wird. Das Einzige auf der Welt, das durch und durch gut ist, so Kant, ist der gute Wille. Der freie Wille macht aber gerne, was er mag und was ihm gerade zweckmäßig erscheint.

Wissend, dass es nur ein Gedankenspiel ist, schreibt Kant im Alter das Werk »Zum ewigen Frieden«, seine kleine politische Utopie. Die ideale Welt ist in freie, republikanische Staaten eingeteilt, die sich gegenseitig respektieren und in Ruhe lassen. Es gibt keine Armeen mehr, die andere bedrohen oder gar Krieg führen könnten, Staatsschulden sind abgeschafft. Alle Staaten haben ein allgemeingültiges Völkerrecht vereinbart, dazu ein Weltbürgerrecht, nach dem sich alle Menschen überall gegenseitig besuchen dürfen. Die Frage nach einem Weltbürgerrecht ist heute aktueller denn je. Sein Werk ist der Mount Everest der deutschen und europäischen Philosophie: schwer zu erklimmen, monumental, einzigartig, herausragend und bis heute der höchste Gipfel des europäischen Denkens.

Im Traumland:
Fichte, Schelling und der Deutsche Idealismus

Ich. Wer ist denn das eigentlich? Und wie kommt einer darauf, »ich« zu sagen? Das Ich ist der Ausgangspunkt aller Philosophie, allen Denkens, schreibt Johann Gottlieb Fichte (1762–1814). Und, praktisch: »Das Ich setzt sich selbst.« Zack, das ist es – das Ich. Das Ich ist damit im Sein angekommen und kann stolz sagen: »Ich bin!« Dieses »Ich bin!« ist sein erster Ausdruck. Indem das Ich das sagt und sich selbst setzt, hat es sogar schon etwas getan. Das Setzen und »Ich bin!«-Sagen ist Tathandlung und Ausdruck in einem. Das Ich ist ein Wunderding und das Anfang von allem. Fichte verwendet es als Grundstein für seine Philosophie, die er Wissenschaftslehre nennt. »Denke dich selbst!« ist die nächste Tathandlung, und, schwupp, ist auch schon die Vernunft im Spiel – nämlich in dem Moment, in dem das Ich nicht einfach nur da ist, sondern zu denken beginnt. Das Ich erzeugt dann auch gleich ein »Nicht-Ich«: das Äußere, das Andere, das Fremde. Das Ich und das Nicht-Ich reiben sich jetzt aneinander, denn das Ich kann nur denken und arbeiten, wenn es an Grenzen und Hindernisse stößt. Dass die selbst gemacht sind, ist egal. Wer also sagt »Ich bin ich«, hat schon eine Menge gedacht.

Fichtes Wissenschaftslehre ist so genial, dass man sie zunächst für ein Werk von Immanuel Kant hält. Mit seinem Lehrer Kant hat Fichte vieles gemeinsam. Beide sind Idealisten. Nein, nicht die, die selbstlos wertegeleitet durchs Leben tanzen, sondern Vertreter des Deutschen Idealismus, einer prägenden Epoche der Geistesgeschichte, die an geistige Einheiten glaubt. Für den Idealismus ist alles Geist, alles Vernunft, alles Idee; auch die Materie ist letztlich Geist, wenn ihre kleinsten Partikel nur aus »Kraft« bestehen. Sein ist Bewusst-Sein, etwas Geistiges. Was niemandem bewusst ist, existiert gar nicht. Das schöpferische Ich steht im Zentrum der Welt. Das schöpferische Ich verwirklicht sich im Gedanken der Freiheit und der Sittlichkeit. Die Entwicklung von Freiheit und Sittlichkeit durch das Ich ist die Geschichte.

Fichte liegt speziell die deutsche Geschichte am Herzen. Er hält und veröffentlicht 1808 die »Reden an die deutsche Nation«, in denen er die Deutschen als »Urvolk« bezeichnet, das das Recht habe, »sich das Volk schlechtweg, im Gegensatze mit anderen von ihm abgerissenen Stämmen zu nennen.« Fichte legt damit zu einer Zeit, als es noch keinen deutschen Staat gibt, den philosophischen Grundstein für den deutschen Nationalismus.

Sein Zeitgenosse und Mit-Idealist Friedrich Wilhelm Joseph Schelling (1775–1854) setzt in seinem Schaffen andere Schwerpunkte. Ihn interessiert vor allem die Natur, in der er eine »Weltseele« sucht. Die Natur ist für ihn nicht mehr nur eine Maschine, sondern ein Wesen, in dem eine lebendige Urkraft wohnt und wirkt. Alles in der Natur ist in einem Schwebezustand zwischen reiner, toter Materie und reinem, körperlosem Geist. Die Mischung aus beidem ist immer verschieden. Natur und Geist, Reales und Ideales, Subjekt und Objekt stehen sich nicht gegenüber wie Kriegsparteien, sondern fließen ineinander – was man nicht denkend erkennen, aber in der Kunst sichtbar machen kann. Schelling: »Darum ist die Kunst das wahre und ewige Organon und zugleich Dokument der Philosophie, welches immer und fortwährend aufs neue beurkundet, was die Philosophie äußerlich nicht darstellen kann. (…) durch die Sinnenwelt blickt nur wie durch Worte der Sinn, nur wie durch halbdurchsichtigen Nebel das Land der Fantasie, nach dem wir trachten.« Schelling liebt die Kunst der beginnenden Romantik. Während seines Studiums in Tübingen lebt er im selben Wohnstift wie der Dichter Friedrich Hölderlin – und ein gewisser Hegel.

Hegel und der Weltgeist

Wenn Kant der Mount Everest der deutschen Philosophie ist, dann ist Georg Wilhelm Friedrich Hegel (1770–1831) deren Marianengraben: tief, für manchen dunkel und unergründlich, kalt in seiner Logik, schwer zu erreichen, nur mit Mühe zu durchmessen. Für ihn war seine eigene Philosophie das »absolute Wissen«, und das »Selbstbewusstsein Gottes im Menschen«. Ein hoher Anspruch, aber er entwickelte eine geistige Landkarte, mit der er auch anderen den Weg zum Absoluten weist.

Hegels philosophisches System besteht aus drei Teilen. Als Erstes kommt die Logik, dann die Naturphilosophie, dann die Philosophie des Geistes. Hegel bezeichnet mit dem Wort »Logik« etwas anderes als die Denker vor ihm und der Normalverbraucher heute. Hegels Logik sucht nach dem Wesen Gottes und dem Wesen der Idee, und zwar nicht in der Welt, sondern vor der Entstehung der Welt. Die Logik betrachtet ein An-Sich-Sein jenseits von Raum oder Zeit. Dieses An-Sich-Sein ist auch das Nichts, weil es keinen Inhalt hat. Das An-Sich-Sein ist sogar noch weniger als Nichts, denn es muss ja erst Nichts werden. Dieses Werden ist es, auf das es Hegel ankommt. Durch das Werden wird ein An-sich-Sein zum Nichts oder ein Sein zum Da-Sein. Im Da-Sein hat das Sein seine Bestimmung. So, und das war erst der Anfang von Hegels Logik.

In der Natur findet das Da-Sein sein Sonnenplätzchen und begegnet dem Anders-Sein, daher die Naturphilosophie. Wie in einem Koordinatensystem braucht das Da-Sein einen Vergleichspunkt (das Anders-Sein), um zu wissen, wo es eigentlich steht. Die Philosophie des Geistes schließlich entsteht aus beidem und hebt sich aber von Logik und Naturphilosophie wiederum ab, denn die Philosophie des Geistes steigt eine Stufe höher. Der Geist darf hier, in verschiedenen Zuständen, für sich sein, auch außer sich sein, und philosophieren, religiös sein oder künstlerisch kreativ tätig werden.

Wenn aus zweien ein Drittes, Höheres wird, das den Widerspruch der zwei aufhebt, ist das ein dialektischer Fortschritt. Dialektik ist nun nichts Neues, im Gegenteil. Hegel weist selbst darauf hin, dass schon der alte Heraklit damit gearbeitet hat: aus These und Antithese entsteht die Synthese. Etwa so: Schokolade macht glücklich (These), Schokolade macht dick (Antithese), wer glücklich sein will, kann Schokolade essen, wird aber auch dick werden (Synthese).

Für Hegel ist dies aber keine Argumentationsstruktur, sondern der richtige Verlauf des Denkens. Die unendliche Vernunft widerspricht dabei dem beschränkten Verstand, bis der einsieht, dass die Vernunft recht hat und Vernunft und Verstand gemeinsam einen neuen Gedanken fassen. Zwischen Widerspruch und Erkenntnis findet dabei eine Bewegung statt – ein bisschen wie die Bewegung des Werdens, wenn aus dem Sein ein Nichts wird.

Die Vernunft, diese Nervensäge, gibt niemals Ruhe, daher geht das Denken immer weiter. Und auch die Natur ist ständig in Bewegung. Alles bewegt sich. Aber wohin bloß? In die Richtung, die die göttliche Vorsehung angegeben hat, ist Hegels Antwort. Denn diese ist die ultimative Vernunft, so wie Gott das ultimative Sein ist. Auch die Geschichte bewegt sich – und zwar nach denselben dialektischen Prinzipien. Die Vernunft-Nervensäge, die den Fortgang der Geschichte dialektisch vorantreibt, nennt Hegel den »Weltgeist«. Geschichte ist der Prozess, sich dieses Weltgeists bewusst zu werden. Was man während dieses Prozesses in den verschiedenen Epochen vom Weltgeist wahrnimmt, ist der jeweilige Zeitgeist.

Und irgendwann, wenn der Prozess zu Ende ist, endet auch die Geschichte. Glücklich macht das alles nicht. Das räumt sogar Hegel ein: »Die Weltgeschichte ist nicht der Boden des Glücks. Die Perioden des Glücks sind leere Blätter in ihr.« Für's Glück gibt es Schokolade. Schokolade ist, wenn man sie isst, sagt der Verstand in seiner Beschränktheit, und dann ist sie nicht mehr. Da kann die Vernunft jetzt meckern, solange sie will.

ALLES SCHEISSE! PESSIMISMUS UND NIHILISMUS

Schopenhauer und die Welt

Der Mensch kann zwar »ich« sagen, aber über die Welt um ihn herum hat er nichts zu sagen, außer: »Die Welt ist meine Vorstellung.« Der Mensch mit seinem Ich ist im eigenen Hirnkästchen gefangen. Er ist Teil der Welt, aber er kann nicht aus sich hinaus: »Es wird ihm dann deutlich und gewiss, dass er keine Sonne kennt und keine Erde, sondern immer nur ein Auge, das eine Sonne sieht, und eine Hand, die eine Erde fühlt; dass die Welt, welche ihn umgibt, nur als Vorstellung da ist.« Die Vorstellung ist das Bild, das sich der Mensch von der Welt und deren Objekten macht, und die Beziehung, in die er sich selbst dazu setzt.

Dies schreibt der deutsche Philosoph Arthur Schopenhauer (1788–1860) in seinem Werk »Die Welt als Wille und Vorstellung«. Und das ist nur der Anfang von etwa tausend Seiten darüber, wie beschränkt und unbefriedigend alles ist.

Der Mensch kann nicht nur die Welt, sondern auch sich selbst betrachten. Was er dort findet, schreibt Schopenhauer, unter dem ganzen Gerümpel der Eindrücke, Beziehungen, Fantasien, ist der Wille. Der ist es, der alles vorantreibt. Der vernunftlose Wille, der Trieb, steckt nicht nur im Menschen, sondern auch in allem anderen. Er ist das Wesen der Welt. Dem Menschen ist die Welt also Wille und Vorstellung. Die Vernunft und vor allem der Verstand haben dann den Job, das alles einzuordnen und auch dem Willen des Menschen Grenzen zu setzen. Man kann ja nicht ernsthaft wollen, was man immer so will. Der Wille an sich, auch der Weltwille, ist völlig manisch und unbezähmbar. Sex, Glück, Freude, Schokolade, Liebe: das sind alles nur kleine Leckerli. Der Wille ist gierig, er hört nie auf zu wollen, er ist nie zufrieden, gibt nie Ruhe, treibt immer alles an, weil nichts jemals befriedigt ist. Und deshalb ist das Leben auch scheiße. Man nennt das korrekt den »philosophischen Pessimismus«.

Nietzsche und der Übermensch

»Wir sind von vornherein unlogische und daher unge-
rechte Wesen, und können dies erkennen: dieses ist eine
der größten und unauflösbarsten Disharmonien des Daseins.« Der Mensch kommt nicht gut weg im Werk Friedrich Nietzsches (1844–1900). Der deutsche Philosoph
sieht die Leute in ihrer Masse als Pöbel, den Willen und
Weltwillen als einen sprichwörtlich gewordenen »Willen zur Macht«, und nichts außerdem. Nietzsche schreibt
sprach- und bildgewaltig, donnert und stürmt wie ein
Sommergewitter über der europäischen Geisteslandschaft. Nichts ist ihm recht, nichts hat Bestand, nichts
ist gut genug, und dennoch wiederholt sich alles immer
in einem furchtbaren Kreislauf. Dadurch ist im Großen
und Ganzen alles doof und sinnlos. Nietzsche legt das in
vielen Büchern und Aphorismen dar. »Dies Heute nämlich ist des Pöbels«, lässt er seine literarische Figur Zarathustra sprechen. Auch: »Gott ist tot; an seinem Mitleiden
mit den Menschen ist Gott gestorben«. Es muss ein neuer Morgen her, und damit ein neuer Mensch: der Übermensch, so nennt ihn Nietzsche. Der Übermensch soll
alles überwinden, er soll gezielt herangezüchtet werden
und den alten Menschen ablösen. Das läuft biologisch
wie bei der Zucht einer neuen Rasse, es kann aber auch
ein einzelner Mensch sein, der so genial ist, dass er zum

Übermenschen wird und damit das Ende der Menschheit einläutet. Passiert das, so jubelt Zarathustra: »Des Übermenschen Schönheit kam zu mir als Schatten: Was gehen mich noch – die Götter an!« Immerhin bleibt die Chance, dass alles Quatsch ist, was für Nietzsche wahr erscheint. Denn auch die Wahrheit steht für ihn auf tönernen Füßen, und womöglich ist gar nichts absolut wahr und kein Wert wirklich gültig. Sein Nihilismus, die Philosophie vom »Alles Nichts!« kennt keine Grenzen. Die letzten elf Jahre seines Lebens verbringt Nietzsche in geistiger Umnachtung.

ÖKONOMIE UND KLASSENKAMPF

Adam Smith und die Nationalökonomie

Gleichzeitig mit der modernen Wirtschaft entsteht der Gedanke, dass nicht nur der Mensch, der Staat und die Welt, sondern auch die Ökonomie ein Objekt der Philosophie sein sollte. Hier stellen sich ähnliche Fragen wie in der Staatslehre: Wie sieht ein »gutes« Wirtschaftssystem aus? Welchen Platz hat der Mensch darin, wie wird Wohlstand gerecht verteilt, wie kann man gut wirtschaften und haushalten? Einer der Ersten, der solches formuliert, ist der Schotte Adam Smith (1723–1790). Er sieht die Zukunft der Wirtschaft in der Arbeitsteilung in der freien Marktwirtschaft. Sein Buch »Der Wohlstand der Nationen« (1776) lässt ihn als ersten Nationalökonomen in die Geistesgeschichte eingehen. Es ist ja im Grunde ganz einfach, den Wohlstand zu vermehren, so Smith: Jeder einzelne Mensch hat für sich selbst Interesse daran, dass er etwas verdient und Wohlstand anhäuft. Die Neigung, Handel zu treiben und eines gegen das andere zu tauschen, ist dem Menschen zudem von Natur aus mitgegeben. Wenn der Staat weder das Streben nach Wohlstand noch die Arbeit noch den Handel behindert oder reglementiert, sondern frei walten lässt, ergibt sich das Wirtschaftswachstum von selbst. Und je größer der Markt ist, desto arbeitsteiliger wird die Wirtschaft, da die Leute mehr verdienen, wenn sie sich spezialisieren. Wer spezialisiert ist, kann kein Selbstversorger mehr sein und muss Waren von anderen Spezialisten erwerben, durch Tausch oder, noch praktischer, durch Geld. Geldverkehr ist also wichtig für die Wirtschaft. Preise für Waren regulieren sich selbst durch Angebot und Nachfrage. Smiths Ökonomie liest sich heute beinahe wie eine Binsenweisheit – das liegt daran, dass ein großer Teil seiner Erkenntnisse bis heute gültig sind. Smith gilt als erster Wirtschaftsliberaler und als Begründer der Wirtschaftswissenschaft, die sich bald von der Philosophie löst und eigene Wege geht.

John Stuart Mill und der Utilitarismus

Philosophen, die sich mit der Ökonomie beschäftigen, betreiben oft eine Nützlichkeitsphilosophie (Utilitarismus): Sie betrachten die wirtschaftliche Welt und überlegen, wie die Ergebnisse ihres Denkens darin umgesetzt werden können. Es geht um konkrete Handlungsanweisungen in einer materiellen Welt. Die Engländer Jeremy Bentham (1748–1832) und John Stuart Mill (1806–1873) sind solche Utilitaristen. Bentham will »das größtmögliche Glück für die größtmögliche Zahl an Menschen« erreichen. Mill ist ein Liberaler und denkt, dass die freie Marktwirtschaft den Staat irgendwann überflüssig machen wird. Bis dahin hat der Staat die Aufgabe, den Laden am Laufen zu halten und die Freiheit der Bürger möglichst wenig einzuschränken – nämlich nur dann, wenn es um die Sicherheit der Gesellschaft geht. Für Mill ist nichts wichtiger als die Freiheit in jeglicher Hinsicht: als Meinungsfreiheit, als Gedankenfreiheit, als Freiheit, das eigene Leben nach den eigenen Wünschen zu gestalten, als Freiheit, die eigene Persönlichkeit zu entwickeln. Das gibt natürlich Stress. Wenn jeder sich und seine Interessen frei auslebt, geht das auf Kosten der Gemeinschaft, und die ist wiederum wichtig dafür, dass es Freiheit gibt und man diese gemeinsam verteidigt. Also braucht man die Ethik, und die ist bei Mill utilitaristisch geprägt: Alle Werte sollen dazu dienen, das größtmögliche Glück aller zu erzeugen. Eine Tat ist ethisch gut, wenn sie in diesem Sinne nützlich ist. Für dieses Ziel lohnt es sich, die eine oder andere Freiheit des Einzelnen einzuschränken. Zwischen der Freiheit und dem Glück des Einzelnen und der Gesellschaft bleibt ein Interessenkonflikt. Bei diesem zu vermitteln, ist Aufgabe des Staates. Und mit dem Ziel des Glücks aller darf sich der Staat auch in die Wirtschaft einmischen – etwa, um Eisenbahntrassen zu bauen, Arme zu unterstützen (beziehungsweise ins staatliche Armen-Arbeitshaus zu stecken, wo sie sich nützlich machen sollen).

Marxismus und Leninismus

Dass die freie Marktwirtschaft außer ins Glück auch zu Massenarmut und Perspektivlosigkeit führen kann, ist gegen Ende des 19. Jahrhunderts in Europa deutlich zu beobachten. Die Arbeiter leben im Elend, die bäuerlichen Gesellschaften sind zerfallen, während die reiche Oberschicht auf dem Rücken der »kleinen Leute« tanzt und sich die Taschen füllt. Gott scheint immer noch tot zu sein, und der von Hegel beschworene Weltgeist, der alles vorantreibt, ist auch irgendwie in den Äther entfleucht. Stattdessen bestimmen Produktion, Ökonomie und Materielles das menschliche Dasein auf Erden. Und das nicht nur, was Besitz und Arbeit angeht, sondern genauso das geistige Leben, den Staat und die Gesellschaft. Das, was die Geschichte antreibt, sind nun die ökonomischen Bedingungen. Ärgerlich, dass diese den meisten Menschen nicht gerade in die Tasche spielen.

Dies ist die Welt, die der junge Karl Marx (1818–1883) vorfindet. Ihm und vielen anderen liegt die Situation der Arbeiter am Herzen. Es muss sich etwas ändern. Marx verfasst mit einigen Mitstreitern im Jahr 1848 das »Manifest der Kommunistischen Partei«. Dahinter steckt eine neue Philosophie: Man muss die Welt nicht verändern, denken sie noch, die Welt würde sich selbst ändern, denn die Geschichte schreitet schließlich unaufhaltsam fort. Sie wird angetrieben durch die Aufhebung von Widersprüchen. Der aktuelle Widerspruch oder Konflikt der Menschen, den die Geschichte aufheben wird, ist bei Marx die Entfremdung. Der Mensch ist sich selbst und seiner Arbeit fremd geworden, und »das Geld ist das dem Menschen entfremdete Wesen seiner Arbeit und seines Daseins«. Wer jeden Tag bis zur Erschöpfung in einer Fabrik schuftet, um ohne Lust und Motivation irgendwelche Teile zu produzieren, von denen er gar nicht weiß, wofür sie gut sind, um dann mit einem Lohn nach Hause zu gehen, von dem er nicht leben kann – der ist entfremdet. Was der Mensch aber möchte, ist sich selbst zu verwirklichen, denn an sich ist der Mensch sozial, kreativ, selbstbewusst und möchte frei sein. Dies beides muss wieder miteinander versöhnt werden. Das geht nur, wenn sich die Produktionsverhältnisse nachhaltig ändern und jeder Mensch seine Produktivkräfte entfalten kann. Das müssen die Arbeiter als gesellschaftliche Klasse gemeinsam auf den Weg bringen. In der ausgebeuteten Arbeiterklasse ist der Widerspruch, der die Entwicklung antreibt, unmittelbar vorhanden. Die bisher kapitalistische Gesellschaftsordnung wird daher zwangsläufig untergehen, und zwar im Klassenkampf, zu dem sich die Arbeiter erheben. Sie werden dafür sorgen, dass die Produktionsmittel (etwa Fabriken und Rohstoffe) nicht mehr den bürgerlichen Ausbeutern gehören, sondern gesellschaftliches Eigentum werden – wie überhaupt aller Besitz gesellschaftliches Eigentum wird. Dann gibt es keine Entfremdung mehr, denn dann können Arbeiter (Produktivkräfte) ihre Produktionsverhältnisse so gestalten, dass niemand übers Ohr gehauen wird. Am Ende wird es keine Klassen mehr geben, da alle gleichermaßen an allem beteiligt und dadurch zufrieden sind. Das Leben in klassenloser Gütergemeinschaft heißt Kommunismus.

Wie kann man aber der Geschichte einen Schubs geben, damit sie die Gesellschaft schneller verwandelt? Indem man eine Revolution der Arbeiter anzettelt. Marx und die meisten seiner Mitstreiter erleben diese Revolution nicht mehr. Marx' Schüler Wladimir Iljitsch Lenin (1870–1924) entwickelt die marxistische Gesellschaftstheorie weiter und steht als Arbeiterführer und Chefideologe an der Spitze der Russischen Revolution von 1917. Trotz der anfänglichen Erfolge scheitert der Kommunismus – an der menschlichen Natur, die sich gegen Gleichmacherei sträubt und das Streben nach dem, was sie als ihr individuelles Glück versteht, nicht aufgibt.

ABGRÜNDE, ZERSTÖRUNG UND WIEDERAUFBAU

Sigmund Freud und das Ich

Dass der Mensch ein komplexes Wesen ist, ist keine Neuigkeit. Wie komplex er aber ist, wie viele winzige Einflüsse jedes Individuum zu dem machen, was es ist, und was es wirklich für jeden Einzelnen bedeutet, »ich« zu sagen, erforscht als Erster der österreichische Neurologe Sigmund Freud (1856–1939). Er sieht sich selbst nicht als Philosoph, ist aber dennoch einer der revolutionären Denker des 20. Jahrhunderts. Als Arzt will er psychisch Kranken helfen und entdeckt dabei die Macht des Unbewussten, die er systematisch erfasst und in einer Theorie beschreibt. Er geht nicht vom Allgemeinen, sondern vom einzelnen Menschen aus und gesteht jedem eine Subjektivität zu: Jeder Mensch erlebt, fühlt und verarbeitet

Erfahrenes auf seine ganz eigene Weise. Jedes Ich ist also ein anderes und reagiert unterschiedlich im Vergleich zu den anderen Ichs.

Das Ich mit seinen Fähigkeiten Vernunft und Verstand, zwei eherne Säulen der Philosophie, bekommt nun Gesellschaft: das Es und das Über-Ich. Denn mit dem Verstand und seinen Entscheidungen ist es gar nicht so weit her, das Rationale ist eher die Ausnahme. Das wilde Es mit seinen Trieben und Wünschen, mit seiner Gier nach Sex, mit Wut, Hass, Aggression oder auch Liebe ist meistens stärker als das rationale Ich. Das Es ist archaisch, unlogisch und ziemlich durchsetzungsfähig. Das Über-Ich, der piekfeine Gegenspieler des Es, schwingt dagegen die Moralkeule. Als Gewissen erinnert es ständig daran, was man darf und was man nicht darf, was gerade noch in Ordnung ist und wofür man sich schämen sollte. Das Ich hat den Job, zwischen dem Es mit seinem Lustprinzip und dem spaßbefreiten Über-Ich zu vermitteln. Das klappt nicht immer. Wenn es so sehr nicht klappt, dass der Mensch seinen Alltag nicht mehr bewältigen kann, hilft die Psychoanalyse: Im Gespräch gehen Analytiker und Patient dem in Bedrängnis oder Schieflage geratenen Ich auf den Grund. Diese Selbsterkenntnis hilft dem Ich, sich erneut so gegen das Unterbewusstsein zu behaupten, dass der Verstand weiß, was los ist.

Martin Heidegger und das Sein

Das Sein beschäftigt Philosophen seit der Antike. Man könnte meinen, das Sein sei immer dasselbe, aber dem deutschen Grübler und Wortakrobaten Martin Heidegger (1889–1976) gelingt es, die Seinsfrage noch einmal neu aufzurollen, indem er nach dem Sinn des Seins sucht. Er meint den Sinn des In-der-Welt-Seins, der Existenz an sich – von Menschen und deren Gefühlen, Gedanken, Ideen, Wünschen. Warum »ist« etwas? Darauf gibt Heidegger keine Antwort, denn er findet, die Philosophie muss immer im Fragen bleiben. Aber auch der Zustand des Fragens ist ja ein Sein. Das Sein als solches ist gar kein Ding, kein Seiendes. Es ist gar nicht da. Was da ist, ist das Da-Sein, etwa das Dasein des Menschen. Nur über dieses Dasein, das In-Der-Welt-Sein, kann man sich dem Sein denkend nähren. Das Dasein ist die erste Lebensaufgabe des Menschen. Zum Dasein gehört der Tod, und der ist der Schlüssel zur Zeit. Der Tod fügt dem Dasein eine zeitliche Komponente hinzu. Sein und Zeit gehören daher zusammen, findet Heidegger. Ohne Zeit und Tod würde das Sein ein einziges Wischiwaschi. Dabei ist das reine Sein etwas ganz Eindeutiges: Es ist das reine Nichts (weil das Sein ja nicht in der Welt ist, sondern das, was in der Welt ist, nur erzeugt). Halt, stopp – das kann man so nicht sagen. Man kann vom Sein ja nicht sagen, dass es nichts IST. Das Verb IST und das Substantiv SEIN kann man nicht in einem Satz gebrauchen. Zum Sein passt überhaupt kein Verb. Aber dennoch brauchen Menschen die Sprache, um sich über das Sein und das Da-Sein zu verständigen, es geht ja nicht anders. Das reine Sein ist und ist nicht das Nichts. Es versteckt sich hinter dem Nichts und lugt trotzdem dahinter hervor, weil es gar nicht IST. Heidegger zu verstehen, ist schwierig, aber er macht seinen Lesern Mut: Die Sprache ist für ihn das »Haus des Seins« und »die Behausung des Menschenwesens.« Seine denkerischen Spitzenleistungen werden dadurch überschattet, dass er begeisterter Nationalsozialist ist. Es sei, wie es sei.

Sartre und das Dasein

Der Mensch ist. Er hat ein Dasein. Warum und wie er es hat und was er dann damit anfangen kann, ist das Hauptthema des Existenzialismus. Der Mensch wird »geworfen«: Plumps, da ist er, der Mensch. Er ist zur Freiheit verurteilt, muss sich entfalten und schreitet dennoch zielstrebig dem Ende seiner Existenz zu. Der Tod ist ausweglos und zugleich der Sinn des Lebens, wie der Schlussakkord eines wunderbaren Konzerts. Auf dem Weg dahin begegnet der Mensch anderen Menschen. Jeder ist erst einmal für sich, aber in der Auseinandersetzung und in Beziehungen mit den anderen stellt jeder Mensch fest, dass er in den Augen des anderen ein Objekt sein kann – ein geliebter Mensch, ein Mitmensch oder auch ein Ziel des Hasses. Der andere gibt dem Sein des Einzelnen eine zusätzliche Perspektive: das Für-andere-sein, was sich auf das Ich auswirkt. Scham etwa kann ein Mensch nur dann empfinden und sich entsprechend verhalten, wenn ihm klar ist, was andere von ihm denken (könnten). »Die Hölle, das sind die anderen«: Dieser Satz stammt vom Posterboy des Existenzialismus, dem Franzosen Jean-Paul Sartre (1905–1980). Er schreibt Fachliteratur, aber auch Romane oder Theaterstücke über das endliche Dasein des geworfenen Menschen. Zu seinem Drehbuch *Das Spiel ist aus* äußert er sich: »Man glaube nicht, dass das Problem des Todes mich interessiert«. Vielmehr interessiert er sich für das Problem des Lebens, allerdings von der Seite des Todes aus betrachtet. Denn dieser ist immer zu früh oder zu spät, »zu früh in Perioden der Unruhen und Kriege, die übrige Zeit zu spät.« Das Sein und Dasein ist für Sartres Figuren oft eine Last, aber auch die Natur und das Triebhafte sind ihnen unangenehm. Die Freiheit und der Zwang, sie zu nutzen, hängt dem Menschen als Mühlstein am Hals. Sartres Held im Roman *Der Ekel* (1938) greint, dass die Existenz, wenn dann immer »bis zum Verschimmeln, zur Aufgedunsenheit, zur Obszönität« reicht.

Die Frankfurter Schule und die Gemeinschaft

Strenge Denkschulen wie in der Antike sind in der Gegenwart selten geworden, eine aber hat es im 20. Jahrhundert zu Rang und Namen gebracht: die Frankfurter Schule. Ihre Mitglieder wollen keine Schule sein und arbeiten, lehren und lernen doch alle miteinander am Institut für Sozialforschung in Frankfurt am Main, angeführt von deren intellektuellen Köpfen Max Horkheimer (1895–1973) und Theodor Adorno (1903–1969). Ihre Studien und Forschungsgebiete sind vielseitig und reichen von Kapitalismus- und Totalitarismusforschung, Literatur- und Musiktheorie bis zu verschiedenen Fragen des individuellen und gemeinsamen Daseins (Soziologie). So unterschiedlich die Forschungsfelder sind, eines haben alle Frankfurter gemeinsam: die Kritische Theorie. Mancher behauptet, dies sei nur ein neumodischer Name für Marxismus, aber so einfach ist es nicht. Der Denkansatz zielt darauf ab, die Welt zu verändern, anstatt Bestehendes nur immer neu zu bedenken. Die Kritische Theorie will Unrecht aufdecken, Fehler korrigieren und damit nicht nur Theorie um der Theorie willen sein, sondern ganz praktisch in die Gesellschaft hineinwirken. Dabei stellt die Kritische Theorie vor allem fest, was alles nicht in Ordnung ist und warum es der Menschlichkeit entgegensteht: etwa der Kapitalismus, die bürgerliche Gesellschaft, die »Wirtschaftsapparatur«, die »Kulturindustrie«, die Philosophie und bisweilen sogar das Denken an sich. Alles scheint der Kritischen Theorie irgendwie kaputt, unstimmig und erneuerungswürdig, um nicht in eine »total verwaltete Welt« zu rutschen. Abhilfe soll eine Aufwertung der Gesellschaft und der Philosophie als deren moralisches Zentrum schaffen. Immerhin: die Kritische Theorie als solche ist über Kritik erhaben.

Die Postmoderne

Vorschlaghammer raus – alles Bekannte und Hergebrachte zertrümmern! Die Denkschulen, die Philosophien der Vergangenheit, die darstellende Kunst, die Architektur, die Vernunft, die Wahrheit, alles liegt in Scherben. »Krieg dem Ganzen, zeugen wir für das Nicht-Darstellbare, aktivieren wir die Differenzen, retten wir die Differenzen, retten wir die Ehre des Namens«, fordert der Franzose Jean-François Lyotard (1924–1998) in *Beantwortung der Frage: Was ist postmodern?*

Er ist ein Denker der Postmoderne. Er und seine Mitstreiter bauen eine neue Welt aus Scherben, eine Collage. Das Zertrümmern und Zerkleinern nennen sie Dekonstruktion. Alles lässt sich dekonstruieren und anders zusammensetzen. Architekten bauen Häuser, die wie zusammengewürfelt aussehen, und der Philosoph Jacques

Derrida (1930–2004) nimmt Denken und Sprache auseinander. Wie kommt der Mensch etwa darauf, von »oben« und »unten« zu sprechen und dann auch noch zu glauben, dass das irgendetwas bedeuten könnte? Und ändert sich die Bedeutung von einzelnen Wörtern nicht dauernd, während man spricht? Kann ein Wort wirklich als Wort einen Sinn haben, oder ist jeder Sinn nur vorläufig, bis sich der ganze Zusammenhang klärt? Derrida zerpflückt und hinterfragt Worte, Buchstaben, Grammatik. »Den Namen des Namens in Frage stellen«, nennt er das, oder in einem Wort: *différance*. Die Verschiedenheit des Namens. Weil alles, was ist, auch anders sein kann. Sprache wird bei Derrida zum wackeligen Boden, dem der Mensch besser nicht blind vertraut, sondern stets prüfen sollte, ob er denn auch das trägt, was er sagen möchte. Warum braucht der Mensch, um einen Begriff zu begreifen, immer auch dessen Gegensatz? Groß ist nur groß, wenn es einem Klein gegenübersteht. Es gibt aber, so Derrida, auch eine gute Nachricht: »Das Sein / spricht / überall und stets / durch / alle / Sprachen / hindurch.« Er hat diesen Satz von Heidegger schon einmal in Teile geschlagen, die nun getrennt voneinander in Frage zu stellen sind.

OFFENE FRAGEN

Die Philosophie der Gegenwart trägt die Ideengeschichte auf ihrem Rücken. Diese Bibliothek des Denkens ist aber kein Nachschlagewerk, um die Fragen der Gegenwart zu beantworten. Die Ideengeschichte hilft, Antworten zu begründen, gefunden werden wollen neue Antworten aber dennoch. Die Philosophie ist niemals abgeschlossen, zumindest nicht, solange nicht die Geschichte endet.

Die Gegenwart stellt aktuell besonders drängende Fragen an die Bio- und Medizinethik. Ob bei der Diskussion um die Sterbehilfe oder wenn es darum geht, ungeborene Kinder abzutreiben oder extreme Frühgeburten zu retten – es sind immer auch die Philosophen gefragt. Mediziner, Politiker, Juristen, Vertreter der Religionen und eben auch Philosophen sitzen in Ethikkommissionen zusammen und erarbeiten gemeinsam Lösungen, die plausibel sind und der Mehrheit akzeptabel erscheinen. Es geht dabei immer um eine uralte Frage: Was ist ein Mensch? Und ab wann oder bis wann ist ein Mensch ein Mensch? Wann beginnt das menschliche Leben und wann endet es? Wie kann, darf und soll ein einzelner Mensch selbst bestimmen, wann und wie sein Leben endet? Die Diskussion darüber ist weltweit im Gange und längst nicht abgeschlossen.

Auch das Menschsein mitten im Leben wird im 21. Jahrhundert neu verhandelt. Die US-amerikanische Philosophin Judith Butler (geb. 1956) zerstäubt die Begriffe »männlich« und »weiblich«, denn sie findet, dass die Sprache die bestehende Geschlechterordnung zementiert. Und damit ist diese mit dafür verantwortlich, dass Frauen immer noch nicht gleichberechtigt sind. Genderforschung ist eines der großen Themen der Gegenwart und führt von theoretischen Diskursen bis hinein in den Alltag und sogar in die Stammtischdiskussionen: Warum ist es wurst, wenn sich ein bärtiger Mann namens Thomas in ein glitzerndes Abendkleid zwängt, die Locken onduliert und dann ein Liedchen singt? Können, dürfen, sollen, müssen gleichgeschlechtliche Paare bei der Eheschließung rechtlich mit heterosexuellen Paaren gleichgestellt werden?

Und dann gleich die nächste Frage: Wie wollen, sollen und können Menschen heute und morgen gut zusammenleben? Dass Bürger eines Staates vernünftig sind und gemeinsam diskutieren können, dass die Demokratie als Staatsform echte Vorzüge hat, darauf hat man sich geeinigt. Die liberale Demokratie hat einen Siegeszug um die Welt angetreten. Offene Grenzen und ein Kontinentalbürgertum wie in der EU schienen bis vor Kurzem noch eine zukunftsfähige Entwicklung. Die von Kant aufgeworfene Frage nach einem möglichen Weltbürgertum ist aber immer noch nicht beantwortet – und schon gibt es Tendenzen, Grenzen erneut hochzuziehen und die Nationalstaaten wieder zu stärken. *Global governance*, eine Weltverwaltung, scheint ferner als noch vor 20 Jahren. Eine Weltregierung scheint utopisch.

Wo soll das alles hinführen? Der Amerikaner Francis Fukuyama (geb. 1952) verkündet 1992, »Das Ende der Geschichte und der letzte Mensch« stünden vor der Tür, denn die liberale Demokratie und die freie Marktwirtschaft würden nun den gesamten Globus erobern und damit den Fortschritt der Gesellschaft vollenden. Der Mensch, dieses wilde Ding, tut aber etwas anderes, und so konstatiert Fukuyama 2014 auch einen Niedergang der westlichen Demokratie nach amerikanischem Vorbild und relativiert seine Thesen. China, die islamische Welt und Russland zeigen, dass gesellschaftliche Wege abseits der liberalen Demokratie nicht zwingend ins Verderben führen. Der amerikanische Politikwissenschaftler

Vali Nasr (geb. 1960) untersucht diese Wege für die isla-
mische Welt und spricht in der Tradition von Thomas
Hobbes vom »Islamischen Leviathan« (2001) und in der
Tradition von Adam Smith von »Meccanomics« (2009).
Auch dies sind denkerische Antworten auf die Welt, wie
sie sich derzeit präsentiert.

Aber die Welt ändert sich, im Moment durch Globalisie-
rung, technischen Fortschritt und Migrationsbewegungen
sogar so schnell, dass man dabei förmlich zusehen kann.
Die neuen Fragen an die Philosophie werden soeben formuliert.

LITERATURVERZEICHNIS

Einleitung

Fichte, Johann Gottlieb: Versuch einer neuen Darstellung der Wissen-schaftslehre. Erstes Kapitel, Hamburg, 2014.

Hegel, Georg Friedrich Wilhelm: Philosophie des Geistes.

Jaspers, Karl: Eine Einführung in die Philosophie, München, 1996.

Schopenhauer, Arthur: Die Welt als Wille und Vorstellung.

Europas geistige Grundmauern

Aristoteles: Metaphysik. Stuttgart, 1984.

Aristoteles: Nikomachische Ethik. Stuttgart, 1969.

Aristoteles: Politik. Reinbek, 1994.

Höffe, Otfried: Aristoteles. München, 2014.

Höffe, Otfried: Der Mensch – ein politisches Tier? Essays zur politischen Anthropologie. Stuttgart, 1992.

Martin, Gottfried: Sokrates in Selbstzeugnissen und Bilddokumenten. Rein-bek, 1967.

Platon: Apologie des Sokrates. München, 2011.

Platon: Sämtliche Werke, Band 4: Timaios, Kritias, Minas, Nomoi. Reinbek, 1994.

Platon: Der Staat. Stuttgart, 2000.

In Gottes Hand

Alighieri, Dante: Monarchia. Stuttgart, 1989.

Alighieri, Dante: Divina Comedia. Stuttgart, 2011.

Alighieri, Dante: Inferno. München, 2007.

Augustinus: Bekenntnisse. Stuttgart, 1981.

Augustinus: Vom Gottesstaat. München, 1997.

Aquin, Thomas von: De principiis naturae – Die Prinzipien der Wirklichkeit. Stuttgart/Berlin/Köln, 1999.

Aquin, Thomas von: Über die Herrschaft des Fürsten. Stuttgart, 1971.

Beutel, Albrecht: Luther-Handbuch. München, 2010.

Flasch, Kurt: Das Philosophische Denken im Mittelalter. Stuttgart, 2013.

Flasch, Kurt: Geschichte der Philosophie in Text und Darstellung. Band 2: Mittelalter. Stuttgart, 1986.

Hauskeller, Michael: Geschichte der Ethik im Mittelalter. München, 1999.

Kircher, Athanasius: Ars Magna Sciendi. Amsterdam, 1670.

Sturlese, Loris: Philosophie im Mittelalter. München, 2013.

Die Wiederentdeckung des Menschen

Bosbach, Franz: Monarchia Universalis. Ein politischer Leitbegriff der frühen Neuzeit. Göttingen, 1986.

Cassirer, Ernst: The Individual and the Cosmos in Renaissance Philosophy. Chicago, 2003.

Cusanus, Nikolaus: Vom verborgenen Gott / Vom Gottsuchen / Von der Gotteskindschaft. Freiburg, 1956.

Cusanus, Nikolaus: De docta ignorantia – Die belehrte Unwissenheit. Hamburg, 1994.

Cusanus, Nikolaus: De beryllo. Hamburg, 1994.

Eckert, Willehad Paul: Erasmus von Rotterdam. Werk und Wirkung. Köln, 1967.

Erasmus von Rotterdam: Institutio Principis Christiani / Die Erziehung des christlichen Fürsten. Darmstadt, 1967.

Erasmus von Rotterdam: Vertrauliche Gespräche. Zürich, 2000.

Huizinga, J.: Erasmus von Rotterdam. London, 1952.

Knoll, Manuel (Hrsg.): Niccolò Machiavelli. Die Geburt des Staates. Baden-Baden, 2010.

Luther, Martin: Von der Freiheit eines Christenmenschen. Stuttgart, 2011.

Machiavelli, Niccolò: Der Fürst. Frankfurt/Main, 1990 (1469).

Machiavelli, Niccolò: Discorsi. Gedanken über Politik und Staatsführung. Stuttgart, 19772 (1531).

Meller, Harald: Fundsache Luther. Archäologen auf den Spuren des Reformators. Stuttgart, 2008.

Orwell, George: 1984. New York, 1977 (1949).

Otto, Stephan: Geschichte der Philosophie in Text und Darstellung: Renaissance und Frühe Neuzeit. Stuttgart, 1984.

Saage, Richard: Politische Utopien der Neuzeit. Darmstadt, 1991.

Saracino, Stefano / Knoll, Manuel (Hrsg.): Das Staatsdenken der Renaissance. Baden-Baden, 2013.

Schölderle, Thomas: Geschichte der Utopie. Köln/Weimar, 2012.

Waschkuhn, Arno: Politische Utopien. München/Wien 2003.

Das Zeitalter der Vernunft

Bahr, Ehrhard (Hrsg.): Was ist Aufklärung? Thesen und Definitionen. Stuttgart, 1974.

Cassirer, Ernst: Leibniz' System in seinen Wissenschaftlichen Grundlagen. Erstveröffentlichung 1902.

Cassirer, Ernst: Über Rousseau. Frankfurt, 2012.

Cassirer, Ernst: Die Philosophie der Aufklärung. Hamburg, 2007.

Crescenzo de, Luciano: Und sie bewegt sich doch. Die Anfänge des modernen Denkens. München, 2004.

Descartes, René: Ausgewählte Schriften. Frankfurt/Main, 1986.

Englmann, Felicia: Sphärenharmonie und Mikrokosmos. Das politische Denken des Athanasius Kircher. Köln/Weimar, 2006.

Hobbes, Thomas: Leviathan. Stuttgart, 1970.

Locke, John: Über die Regierung. Stuttgart, 1983 (1689).

Montesqieu, Jean J.: Vom Gesellschaftsvertrag. Stuttgart, 1986.

Deutscher Idealismus

Hegel: Phänomenologie des Geistes. Frankfurt, 2008.

Höffe, Otfried: Immanuel Kant. München, 2007.

Fichte, Johann Gottlieb: Reden an die deutsche Nation. Hamburg, 1978.

Fichte, Johann Gottlieb: Versuch einer neuen Darstellung der Wissenschaftslehre. Erstes Kapitel. Hamburg, 2014.

Kant, Immanuel: Zum Ewigen Frieden und andere Schriften. Reinbek, 2008.

Kant, Immanuel: Kritik der reinen Vernunft. Frankfurt, 1995.

Kant, Immanuel: Kritik der Urteilskraft. Frankfurt, 1974.

Sandkühler, Hans Jörg: Handbuch Deutscher Idealismus. Stuttgart/Weimar, 2005.

Safranski, Rüdiger: Romantik – eine deutsche Affaire. Hamburg, 2009.

Schmidt, Raimund (Hrsg.): Die drei Kritiken: Eine kommentierte Auswahl. Stuttgart, 2007.

Alles scheiße ... oder? Pessimismus und Nihilismus

Decker, Kerstin: Nietzsche und Wagner. Geschichte einer Hassliebe. München, 2014.

Flasch, Kurt (Hrsg.): Nietzsche-Brevier. Stuttgart, 1992.

Nietzsche, Friedrich: Also sprach Zarathustra. Frankfurt, 1976.

Ottmann, Henning (Hrsg.): Nietzsche-Handbuch. Stuttgart/Weimar, 2000.

Schopenhauer, Arthur: Die Welt als Wille und Vorstellung. Köln, 2009 (1859).

Ökonomie und Klassenkampf

Höntzsch, Frauke (Hrsg.): John Stuart Mill und der sozialliberale Staatsbegriff. Stuttgart, 2011.

Mill, John Stuart: Über die Freiheit. Stuttgart, 1986.

Mill, John Stuart: Utilitarianism / Der Utilitarismus. Stuttgart, 2006.

Rinderle, Peter: John Stuart Mill. München, 2000.

Smith, Adam: Der Wohlstand der Nationen: Eine Untersuchung seiner Natur und seiner Ursachen. München, 1999.

Marx, Karl et al.: Das Manifest der Kommunistischen Partei.
Unter: https://www.marxists.org/deutsch/archiv/marx-engels/1848/manifest/(Stand: 15.1.2016)

Marx, Karl: Das Kapital.
Unter https://www.marxists.org/archive/marx/works/1867-c1/ch01.htm (Stand: 15.1.2016)

Abgründe, Zerstörung und Aufbau

Adorno, Theodor: Eingriffe. Neun kritische Modelle. Frankfurt/Main, 1963.

Adorno, Theodor: Negative Dialektik. Frankfurt/Main, 1966.

Bolte, Gerhard: Von Marx bis Horkheimer. Aspekte kritischer Theorie im 19. und 20. Jahrhundert. Darmstadt, 1995.

Brunkhorst, Hauke: Habermas. Stuttgart, 2006.

Engelmann, Peter: Postmoderne und Dekonstruktion. Texte französischer Philosophen der Gegenwart. Stuttgart, 1987.

Englmann, Felicia / Lüddecke, Dirk (Hrsg.): Das Staatsverständnis Ernst Cassirers. Baden-Baden, 2014.

Habermas, Jürgen: Strukturwandel der Öffentlichkeit. Frankfurt /Main, 1962.

Horkheimer /Max, Adorno, Theodor: Dialektik der Aufklärung. Philosophische Fragmente. Amsterdam, 1947.

Ottmann, Henning / Ballestrem, Karl: Politische Philosophie des 20. Jahrhunderts. München, 1990.

Sartre, Jean-Paul: Praxis des Intellektuellen. Stuttgart, 1981.

Sartre, Jean-Paul: Der Ekel. Reinbek, 1981.

Sartre, Jean-Paul: Das Spiel ist aus. Reinbek, 1952.

Offene Fragen

Breuninger, Renate (Hrsg.): Leben, Tod, Menschenwürde. Positionen zur gegenwärtigen Bioethik. Ulm, 2002.

Butler, Judith: Das Unbehagen der Geschlechter. Frankfurt/Main, 2003.

Fukuyama, Francis: The End of History and the Last Man. New York, 2006 (1992).

Fukuyama, Francis: Political Order and Political Decay. London, 2014.

Höffe, Otfried: Kritik der Freiheit. Das Grundproblem der Moderne. München, 2015.

Nasr, Vali: Meccanomics – The March of the New Muslim Middle Class. Oxford, 2009.

Nida-Rümelin, Julian: Die Optimierungsfalle. Philosophie einer humanen Ökonomie. München, 2011.

Stämpfli, Regula: Die Vermessung der Frau. Gütersloh, 2013.

Weiterführende Literatur

Burkard, Franz-Peter et al.: dtv-Atlas Philosophie. München, 2011.

Englmann, Felicia / Lüddecke, Dirk (Hrsg.): Zur Geschichte des politischen Denkens. Stuttgart, 2014.

Höffe, Otfried: Kleine Geschichte der Philosophie. München, 2008.

Hoerster, Norbert (Hrsg.): Klassiker des philosophischen Denkens. München, 1992.

Nida-Rümelin, Julian / Spiegel, Irina / Tiedemann, Markus: Handbuch Philosophie und Ethik. 2 Bände. München, 2015.

Ottmann, Henning: Geschichte des politischen Denkens. 9 Teilbände. Metzler, Stuttgart, 2001-2012.

Schischkoff, Georgi: Philosophisches Wörterbuch. Stuttgart, 1991 (1960).

Schupp, Franz: Geschichte der Philosophie im Überblick. Hamburg, 2007.

Störig, Hans-Joachim: Kleine Weltgeschichte der Philosophie. Stuttgart, 1999 (1950).

Störig, Hans-Joachim: Kleine Weltgeschichte der Wissenschaft in zwei Bänden. Köln, 2004.

Voegelin, Eric: History of political ideas. Columbia, 1988.

Ebenso in dieser Reihe erschienen:

Matthias Matting
**Kosmos und Universum
in 60 Sekunden erklärt**
96 Seiten
6,99 € (D) | 7,20 € (A)
ISBN 978-3-86883-829-9

Alexandra Reinwarth
**Glück in 60 Sekunden
erklärt**
96 Seiten
6,99 € (D) | 7,20 € (A)
ISBN 978-3-86883-831-2

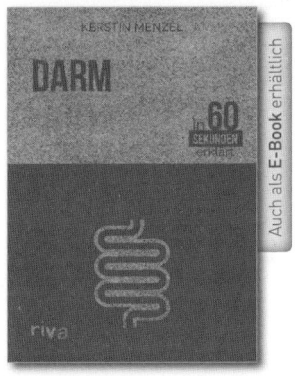

Kerstin Menzel
Darm in 60 Sekunden erklärt
96 Seiten
6,99 € (D) | 7,20 € (A)
ISBN 978-3-86883-845-9

Kerstin Menzel
Psychologie in 60 Sekunden erklärt
96 Seiten
6,99 € (D) | 7,20 € (A)
ISBN 978-3-86883-839-8

Prof. Dr. Guido Pöllmann
Wirtschaft in 60 Sekunden erklärt
96 Seiten
6,99 € (D) | 7,20 € (A)
ISBN 978-3-86883-843-5